隣のアノ人との付き合い方がわかる！

47都道府県　ケンミン性の秘密

山下龍夫

GENTOSHA

はじめに

地方の逆襲とでもいうべき現象が、今の日本では起こっています。かつて方言に代表されるその地方だけの文化は、よそとは違う「恥ずかしいこと」でした。人々は「ウチにも○○はある」と、よそと同じであることをアピールし、逆にひとたび他人の特異な風習を見つけるや、「こいつは田舎者だ」と笑いのタネにしたものでした。

ところが今、その地方だけの差異は、オリジナリティとして肯定的にとらえられるようになりました。人々は「ウチにはこんな変わった風習がある」と、自らそれを面白がったり、商品として売り出したりと、隠すほうから積極的に楽しむほうへと価値観の逆転現象が起こっています。

地域のオリジナリティは、方言やご当地グルメだけではありません。地方独自のルールや行事、おでんの食べ方に至るまで実にさまざまです。何より、47都道府県、それぞれの地域で暮らす人々自身にこそ独自性があります。いわゆる「県民性」です。

今の日本は、この県民性の違いを、打ち消すのではなく認め合うように価値観が変わっている。いやあ、そっちのほうがポジティブでイイ感じですよね、めでたしめでたし――、となればいいのですが、ことはそう容易ではありません。

特異な言葉も食べ物も慣習も、すべてその県民にとっては普通のことです。当たり前のようにトランプのスペードを「くろもも」と呼び、当たり前のように冷奴《ひややっこ》に辛子をつけ、当たり前のように運動会に屋台が並びます。同じように、仕事や恋など人付き合いにおいても、当たり前のように仕事より家庭を優先したり、当たり前のように亭主関白に振る舞ったり、当たり前のようにツッコミを求めてきたりします。

ということは、出身地の異なる者同士が出会ったとき、お互いの「標準」が違うのですから、誤解や行き違いが生まれる可能性はいくらでもあるということです。その上、外国人との交流とは違い、相手も同じ日本人なので、自分の「標準」が、相手にとっては実は特殊だとはなかなか気づけないという難しさがあります。

この本は、そんな県民性への理解に大いに役立ててもらおうと生まれました。擬人化された47組の県民キャラクターたちが繰り広げる悲喜こもごもは、あなたの周りの誰かとも重なってくるのではないでしょうか。そしてその発見は、仕事でも恋でも、否定から認め合いへと前向きな変化をもたらしてくれるはずです。

山下龍夫

47都道府県　ケンミン性の秘密〔目次〕

PART 1　北海道・東北・関東

PART 2 中部・近畿

PART 3

中国・四国・九州・沖縄

〔装幀〕大岡喜直（next door design）　〔マンガ〕柳生　柳　〔本文デザイン〕田中明美

北海道

東北

関東

PART1
北海道
東北
関東

北海道

合理的・自立心旺盛で結婚にも離婚にも積極的!?

北斗くん**&道子**さん
PROFILE

大らかで開放的な道産子《どさんこ》。物静かな北斗くんに対し、道子さんは行動的で自分の意見もはっきり主張。典型的な〝姉さん女房〞風カップルで、うまくいくかと思われたが……

★離婚率(2012年)、父子・母子家庭率(2010年)ともに全国4位と、北海道民の思い切りのよさはデータにも表れているようだ。また、北海道女性の生涯未婚率は東京に次いで全国2位(2010年)

広い大地と開拓者精神が生んだ〝日本人らしからぬ日本人〟

年収の半分は自活に使い、残りの半分で46人の面倒を見ている——こんな人がいたらきっと「なんて懐の大きい人！」と感動してしまいそう。実は北海道がまさにこれ。日本の国土の5分の1を占める断トツ1位の面積を誇り、食料自給率200％の農業大国。でも、広いのは土地だけではなく、人々もオープンで大らかです。

中でも「女性の強さ」は、道産子を語る上で外せないポイントです。そういえば、中島みゆきに大黒摩季、吉田美和と、日本でも屈指のパワフルな歌声を持つ女性シンガーはみんな北海道出身。これは確かに強そうかも。

北海道民のほとんどは、かつて開拓のため全国から集まった人々の子孫。古いしきたりにとらわれない合理性や進取の気性、小さなことにクヨクヨしない大らかさなど、開拓の歴史が生み出した気風は、他県民にはちょっと羨《うらや》ましい日本人らしからぬ性質。開拓者にとっては、男だ女だという性差も大した意味はなく、女性が男勝りになるのも、このフロンティア精神の賜物《たまもの》なのかもしれません。

とはいっても、大鵬《たいほう》、北の湖、千代の富士ら戦後最も多い8人の横綱を輩出した道産子男子も負けてはいません。姐御《あねご》肌の北海道女性と愛を育《はぐく》むには、小細工を弄《ろう》せず横綱相撲のように正々堂々、真っ正面からドーンとぶつかるのがよさそうです。

会費制に領収書。おめでたい席でも合理的

めでたく結婚となると、道産子の合理性が顔をのぞかせます。北海道では結婚披露宴ではなく、「結婚祝賀会」が普通。新郎新婦が親しい人を招待して披露するのではなく、職場の同僚や友人たちが結婚を祝う会ということで、こういわれています。

結婚にはお金がかかるもの。けれど、厳しい開拓暮らしの中では、ハレの席という建前よりも現実が最優先。そこで周囲がお金を出し合い、結婚を祝うという合理的なスタイルが習慣化したようです。現在でもよほど親しい出席者以外は祝儀は払わず、会費制が定番。相場1万〜1万5000円程度の会費を受付で払うと、領収書が返って来るビジネスライクなスタイルも北海道流です。ちなみに、香典でも領収書が渡されるとか。ここまでくると、その徹底した合理性はむしろ頼もしいといえそうです。

離婚率の高さは女性の強さゆえ？

ただし結婚しても、実は北海道は離婚率4位、離婚件数を婚姻件数で割った「相対

離婚率」はなんと1位（いずれも2012年）と、その高さが気になるところ。
ただでさえ北海道女性は自立心旺盛でたくましい上に、さらに「家」意識や世間体《てい》などのしがらみが薄い土地柄。夫婦の間がギクシャクすれば、妻がサックリと独立を選んだとしても何の不思議もありません。なお、女性の喫煙率は1位（2010年）ということから、奥さんが紫煙《しえん》をくゆらせながら三行半《みくだりはん》を突き付けて来るさまを想像すると、男性にとっては、厳冬の北海道に放り出されるより寒い恐怖体験かも？

北海道 おもしろDATA

方言

「こわい（疲れた）」
「ばくる（交換する）」
「なまら（とても）」

風習

- 七夕には子どもたちが「ろうそくだーせーだーせーよー♪」と歌いつつ近所を回ってろうそくやお菓子をもらう
- 節分で撒《ま》くのは殻つき落花生。チョコやゼリービーンズなどお菓子を撒くところもある
- おせちは大晦日から食べる

食生活

- 納豆やアメリカンドッグに砂糖をかける
- 茶碗蒸しに栗の甘露煮を入れる
- 赤飯に甘納豆を入れる

ソウルフード

ジンギスカン、やきそば弁当、ガラナ、ザンギ、カツゲン

○相性良／沖縄、東京、神奈川
×相性悪／岐阜、三重、福井

他県民には驚きの北海道の珍常識!?

- 「ちょっとそこまで」は車で移動が前提
- 「ヒグマ注意特別期間」がある
- 百人一首は下の句を読んで下の句の札を取る。ただし木製の取り札に書かれた文字が崩し字で、素人では判読不可能。上の句？　何ソレ
- コンビニのおにぎりはあたためる

青森県

辛抱強くて意地っ張りな「じょっぱり」気質
無愛想なのは〝ヨソモノ〟に対する警戒心から

森男くんPROFILE

頑固《がんこ》で無愛想《ぶあいそう》だけど実は照れ屋で誠実。方言コンプレックスか口数も少ないが、いったん心を許すと、とても面倒見がよい。青森県産のものなら何でも美味《うま》いと思っている

★一見とっつきにくい青森県民と付き合うには、お酒の力を借りるのも一手。成人ひとり当たりのアルコール消費量は全国4位(2010年)で酒好きの人が多いよう。ちなみに農産物も豊富で、食料自給率は119%! ゆめゆめ食べすぎないように

じょっぱり気質が育んだリンゴっ子球児

２０１３年の夏の甲子園。青森県代表として3回戦まで勝ち進んだ弘前学院聖愛高校は、ことあるごとに自らを「リンゴっ子」とアピールしていました。リンゴが有名な青森なので何の違和感もなく聞こえますが、実はこのキャッチフレーズには、聖愛高校選手たちの深い思いがあったのです。

11年、12年と青森県勢は2年連続準優勝。かつて1回勝てばいいほうだった〝弱小県〟のイメージを払しょくする大躍進でした。けれどこのときの強豪・八戸学院（当時は光星学院高校）はレギュラーのほとんどが大阪や沖縄出身。もうひとつの強豪・青森山田高校も県外出身者が多く、全員が青森県民の聖愛は、ダブルに悲願の甲子園初出場だったというわけです。青森県民といえば「じょっぱり（強情張り）」気質ですが、聖愛高校の活躍は辛抱強く手を抜かない県民の面目躍如といえるでしょう。

愛想は悪いが打ち解ければ一気に親密に

とはいえ、遠く離れた青森に飛び込んできた県外球児たちの勇気もなかなかのもの。何しろ青森県民は、東北の中でも最も愛想が悪く見えることで有名なのです。雪国独特の低い喋《しゃべ》り方で「お前ェ、どごの者だ？」と言われれば、つい凍り付いてしまいそう。けれどその一方で、仲間と認められれば一気に関係が濃密になるのも青森気質。地縁・血縁を重んじる青森県民と付き合うには、地元の人の紹介に頼るのが早道です。

ちなみに、青森市や弘前市など西側の津軽地方と八戸市など東側の南部地方はもともとは違う藩だったために言葉や文化、性格がハッキリ異なるようで、歴史的にもその溝はかなり深いとか。県民と付き合うときには青森県と一括《ひとくく》りにせず、どちらの出身か確認し、もう片方の地方についてはヘタに触れないほうが賢明かも。

塩辛いものも甘いものも大好き

昨今のB級グルメブームの中、青森で注目されているのが「味噌カレー牛乳ラーメン」です。家計調査によると、青森市の外食の支出額は全国で最下位ですが、インスタントラーメンの消費量は全国1位、中華麺の消費量2位、もやし消費量1位と、どうやら無類の「家食ラーメン好き」のよう。「味噌カレー牛乳」は、自分の好きな味にいくらでもアレンジできる家食ラーメン文化の産物といえそうです。

食塩の消費量は全国2位なので、塩辛い味が好みのように思えますが、一方で、赤飯や稲荷《いなり》寿司、茶碗蒸しは甘いことで有名。塩辛いと甘いが同居するのは県民性そのままにも思えますが、塩辛さでご飯が進み、さらに「甘いものは別腹」で際限なく食べてしまいそう。そのせいかどうか、男女とも平均寿命が47位というショッキングな数字も。青森県民の家に呼ばれて、ラーメンや稲荷寿司を一緒に食べればグッと親密さは深まるでしょうが、食べすぎや飲みすぎにはひと言注意してあげたいものです。ただし生来のじょっぱり気質のため、聞き入れてくれるかどうかは未知数ですが。

青森 おもしろDATA

方言

「うだでぐ（とても）」
「がっぱ（たくさん）」「めごい（可愛い）」
「ニヤニヤする（腹具合が悪い）」
「おんどりっこ（ジョーカー）」

風習

- 墓参りでは墓前に弁当を供える
- キリストの墓で知られる新郷村戸来ではキリストの慰霊祭を神道式で行う
- 黒石市では２月に「旧正マッコ市」というセールが早朝から開かれ、同時に大量の雪だるまも展示される

食生活

- しじみ汁にジャガイモを入れる
- 花見ではカニ、シャコ、バナナを食べる
- おでんには生姜《しょうが》味噌

ソウルフード

イギリストースト、グラタンフライ、ねぶた漬け、スタミナ源たれ、じゃっぱ汁

○相性良／秋田、岩手、福島
×相性悪／京都、大阪、徳島

他県民には驚きの 青森の珍常識!?

- 出勤前に銭湯で朝風呂は当たり前
- 銭湯は基本的に温泉
- 東北町には「日本中央」と刻んだ謎の石碑がある
- 「横浜」は横浜町を指す
- 田子町の街灯はニンニクの形

岩手県

朴訥《ぼくとつ》で控え目、内面はロマンに満ちている自然体の努力家

何かと地味なイメージを持たれがちな岩手県民だが
岩ちゃんって真面目よね
そうちゃね ぎっちり(いつも)黙々と何を書いちゅうんろう
ちょっと見せて…… えっ？ これポエム？
素敵！ 私こういうの大好き♥
その実、内面は男女ともに情熱的なロマンチストが多い
そして寡黙さゆえに恋愛も奥手になり、成就しづらい
……みな なんも わがってねんだべ
おらが いっつも なんぼの想い抱《かが》えてるんだが!!
そでに ポンポン 言葉《ことば》出ねえ!
ガチャーン
わーっ！ 岩
落ち着け!!!
なので反動から酒で暴走しがちな面は、温かく見守ってあげよう

岩くんPROFILE

飾り気がなく寡黙《かもく》で真面目。趣味は詩や短歌を詠《よ》むこと。ふだんの口数の少なさとは裏腹な情熱的な作風が女性に大人気。ネットよりも本が好き。好みのタイプは誠実な人

★日頃のうっぷんを叫びながらちゃぶ台をひっくり返し、上に乗せたおもちゃの飛距離などを競う「ちゃぶ台返し世界大会」というイベントがある（岩手県矢巾町）。平和を願う大会なので、「国際問題に発展するようなパフォーマンスは禁止」だそうだ

「じぇじぇじぇ」と驚かない控え目で穏やかな気質

ＮＨＫ朝の連続ドラマ『あまちゃん』で一躍注目が集まった岩手県。「経済効果は33億円」「夏期の観光客が前年の23倍」といった派手なニュースに、思わず「じぇじぇじぇ」と驚きの声を上げているのではないかと期待したのですが、ドラマの中でたびたび出てくるこの方言、実は岩手県民のほとんどが使用しないとか。まさに「じぇじぇじぇ」な事実です。

そもそも岩手県民は控え目で朴訥な人が多く、感情を表に出さない人も少なくありません。総理大臣を4人も輩出していても、同じく4人の群馬県ほど知られていない理由は、この控え目なところにあるのかも。ちなみに、原敬《たかし》、斎藤実《まこと》、米内《よない》光政、鈴木善幸、いずれも難局の中、良識派や穏健派として周囲から担ぎ出される格好で就任した人ばかり。これもまた岩手気質の表れといえるでしょう。

北海道に次いで広い岩手県は、大きく2つの地域に分かれています。旧仙台藩の県南部は、宮城県民に似て比較的社交的で、気性の荒い人やちゃっかりした人も珍しくないようですが、旧南部藩とされる県北部では、青森や秋田同様、初対面からすぐに親しくなるのは苦手。けれど一度親しくなってしまえば、親戚のような濃い関係が築けるようです。

わんこそばは岩手らしい朴訥なおもてなし

「じぇじぇ」は言わなくても「じゃじゃ麺」（注・ジャージャー麺にあらず）は大好きな岩手県民。ほかにも盛岡冷麺やわんこそばといった特徴的な麺類が有名ですが、わんこそばは県民よりも観光客が客の大半を占めるそう。それもそのはず、わんこそばは元来、客をもてなすために生まれた食文化です。とはいえ、これでもかと店員が椀にそばを投入してくる様子は、おもてなしというには、あまりにも乱暴に感じてしまう人もいるかも。もちろん、何杯食べられるかというゲーム性が高まったからということもあるのでしょうが、とにかくたらふく食べてもらおうというこのもてなしの〝濃さ〟は、いかにも朴訥な岩手県民ならではといえるかもしれません。

真面目な岩手県民は今日もがんばる

震災の爪痕《つめあと》が未《いま》だ生々しい中、黙々とがんばる東北の人たちの姿は全国に強い印象を与えました。「がんばろう」というキャッチフレーズはすっかりお馴染《なじ》みですが、素朴で飾らない気質を踏まえ、「がんばらない宣言」をした岩手県。その含蓄《がんちく》に富んだユニークなアピールは、「スローライフ」や「自分らしく」を重んじる風潮と相まって全国的には好評だったのですが、当の県民からは「せっかくがんばっているのに」とウケは今ひとつ。さすがは「雨ニモマケズ　風ニモマケズ」の県、真面目な県民性が、ひねりのあるフレーズに拒否反応を起こしたのかも。岩手県民とは小細工を弄せず、真面目に地道に向き合うのが、濃い関係を築くコツといえそうです。

岩手 おもしろDATA

方言

「ぺぁっこ（少し）」
「えんずい（しっくりこない）」
「めんこい（可愛い）」
「めぐせえ（みっともない）」
「書かさらない（ペンなどが書けない）」

風習

- 沿岸の南部地域では近所の人が亡くなると多くの人は火葬には立ち会うが、通夜や告別式には行かない
- 同地域では、「おちつき」といって披露宴の前にうどんや餅を食べる
- 小学校では宮沢賢治の詩を暗唱する

食生活

- トマトに砂糖をかける
- うどんにあずきやきな粉をかける
- 豆腐をよく食べる

ソウルフード

南部せんべい、盛岡冷麺、「マルカン百貨店」のソフトクリーム、「福田パン」の菓子パン、前沢牛、銀河高原ビール

○相性良／青森、宮城、福島
×相性悪／京都、大阪、愛知

他県民には驚きの岩手の珍常識!?

- 焼肉屋に冷麺を食べるためだけに女性がひとりで入るのは普通
- 滝沢村の人口は約５万人で全国で最も人口の多い村（2014年に市に移行）
- 町中に巨石が多い

宮城県

都会的でクールな「伊達《だて》者」
東北人らしく保守的で粘り強い面も

宮さんPROFILE

明るくて大らか。おっとりしているが、言葉や態度の端々に東北一の都市・仙台を抱えるプライドが垣間《かいま》見《み》える。新し物好き。東京をちょっと意識している

★「知名度的に仙台＞＞＞＞＞宮城県」と自虐する県民の声を時折耳にするが、宮城県民の人口の約46％は仙台市民。「仙台都市圏」となるとなんと約65％という仙台一極集中状態。「仙台＞宮城県」もあながち自虐とは言い切れない？？

社交性と高いプライド

東北といえば雪深い印象を持つ人もいるでしょうが、宮城県は雪が少なく、天候は西日本とあまり差がありません。そのせいか、県民は東北の朴訥としたイメージとはあまり重ならず、社交性豊かで、都会的な個人主義を重んじる傾向があります。特に女性は楽観的で大らかな人が目立ち、気楽に付き合うことができそうです。

ただし、プライドの高さには注意が必要。県都・仙台市は、単に東北随一の大都市というだけでなく、周りにライバルがいないため、県民の間では「東京に次ぐ都市」という位置づけです。都会人としての自負が強く、そこに東北特有の頑固さが加わった宮城県の女性は、一度怒らせてしまうと、互いの関係に禍根《かこん》を残すことにもなりかねません。出身を尋ねて相手がやや歯切れ悪く「仙台」と答えても、深くは追及しないのが優しさです。また、打ち解けた関係だからといっても、都会人としての気位に対しては気遣いを欠かさないようにしましょう。

「伊達者」は最高の褒《ほ》め言葉？

県民が愛する郷土の英雄が伊達政宗です。最近では、人気テレビゲームに登場する政宗のイラストが選挙の告示ポスターに起用されたほど。

政宗といえば「伊達者」。軍装の派手さから「洒落者《しやれ》」を指す言葉で、全国的には「見かけだけ」という悪い意味に用いられることもあります。しかし宮城県の男性にとっては、政宗の豪胆さや先見の明も含んだ「イキな男」を意味する最高の褒め言葉です。

このイキな「伊達者」を目指すせいか、宮城の男性はスーツやジャケットでフォーマルに装い、ビールよりもワインやウイスキーを好む傾向があります。格好のつけ方がどこか保守的なのは東北人ならではかもしれませんが、この保守性のせいか、お金は使ってもほどほどで収め、生命保険にはしっかり加入するなど堅実な一面もあります。宮城の男性が、お金を使いすぎるように見えても、女性は安心してよさそうです。

また、上司や取引先など、仕事で県民と接する場合は、ここぞというときに「伊達者ですねぇ」とゴマをすれば、一気に好感度が高まるかもしれません。

味噌味の芋煮会でミソをつけるなかれ

宮城県といえば牛タン焼きですが、県民の間で浸透しているのが山形県と同じく「芋煮会」です。仲間同士、野外で大鍋を囲んで里芋を食べるという形式は同じながら、具材や味付けが違うため、山形県民とはどちらが正統かで火花を散らします。なまじ山形県のほうが全国的な知名度が高いため、宮城県民は穏やかではありません。
山形は牛肉、醤油ベースなのに対し、宮城は豚肉に味噌が一般的。このため知らない人が見ると豚汁と勘違いしそうですが、間違っても「豚汁」と言ってはいけません。関係修復が困難な事態に陥ります。芋煮会は県民との交流を深める貴重な場。味噌味の「正統な」芋煮を通じて、親密な関係を築きたいものです。

宮城 おもしろDATA

方言

「がおる（疲れる）」
「だから（肯定の相槌）」
「いずい（違和感がある）」
「いきなり（すごく）」
「おしょすい（恥ずかしい）」
「おごご（漬物）」「おれさま（雷）」

風習

・七夕は８月
・通夜の席で餅米に白ササゲ豆を入れた「白ぶかし」を食べる
・出棺の際、参列者も宝冠をつける
・未明の初詣《はつもうで》を「元朝参り」と呼ぶ（岩手、茨城などでも）

食生活

・おやつ、お茶請け、酒の肴《さかな》に常に笹かまぼこ
・仙台市はゼリーの消費量全国１位
・メロンパンはクリーム入り

ソウルフード

ずんだ餅、ひょうたん揚げ、冷やし中華、温麺《うーめん》、はらこ飯、油麩丼、ママも喜ぶ!!パパ好み

○相性良／北海道、大阪、福岡
×相性悪／福井、長野、岐阜

他県民には驚きの 宮城の珍常識!?

・穴の空いた靴下は「おはよう靴下」と呼ぶ
・「工大バッグ」と「MIKASA」のバッグが高校生の必須アイテム
・JR仙山線は風、雨、落ち葉、雪、カモシカで遅延する

秋田県

「食い倒れ」というより「飲み倒れ」!? 酒好きで享楽的、でも意外と高い自殺率

秋人くんPROFILE

シャイだが人当たりはいい。付き合い（主に酒）が多くなかなか貯金できないのが目下の悩み。就職できない友もいる中、できただけマシかもと今日も断れず飲み会へ……

★秋田県民は酒に強い遺伝子（酒豪型遺伝子）を持つ人の割合が約77%と日本一多いという研究データが発表された（元筑波大学教授・原田勝二氏による）。ちなみに最下位の三重県の倍近い

飲み会はまず「乾杯の練習」から

飲み会の席で、先に会場に着いた者同士が「乾杯の練習」と称してさっさと杯を重ねるのが「秋田ルール」です。もちろん「練習」はただの口実。その上お開きになるのも遅く、日付が変わっても平気で飲んでいます。また、人を誘う口実は99%「お酒」。お茶や食事に誘うという発想は皆無です。風邪を口実に断ろうとしても、「それだばアルコール消毒しねばね」と余計誘われます。秋田県民と付き合うには、かなりの酒量を覚悟しなければならなさそうです。

そこまでお酒を飲む理由は「飲まないと話せない」から、といわれています。「乾杯の練習」と同じで、どこか口実くささも漂いますが、秋田県の男性が照れ屋で口下手なのは事実。頼まれれば嫌と言えない親切な人が多いですが、ハッキリ自己主張できずムードに流されやすいともいえます。飲み会が長くなるのもこのためでしょうか。「秋田美人」で知られる女性は、逆に言いたいことを言う芯の強い人が多いようです。

口下手のせいで結婚も悩み相談もできない?

秋田県では結婚をしたくてもできないという男女が特に目立っています。名物のなまはげが、子どもが見つからなくて右往左往するという内容の少子化対策CMが話題になったこともありました。原因として、やはり恥ずかしがり屋な気質が指摘されています。秋田県民に気になる人がいる場合、こちらから積極的に話しかけましょう。

また、悩みがあるのに口に出せないことも多いようです。生来の口下手さに加え、つい見栄を張ってしまう気質が影響し、問題があっても表には出さず楽しそうに振る舞ってしまうというわけです。長い飲み会、たまには真面目な話もしたいものです。

食べることもおしゃれも大好き

「嫁は山形からもらえ」という言葉が秋田県にはあります。せっかく「美人」で有名なお膝元《ひざもと》を避ける理由は、男女とも大らかすぎるせいで家計が成り立たなくなるからとされています。

確かに秋田県民はよく飲むだけでなく、食べることにも並々ならぬ情熱を注ぎます。しょっつる鍋やハタハタ寿司など、秋田県民のご馳走に欠かせないハタハタは、一時期漁獲量が激減したため、禁漁期間を設けて回復に力を入れました。また、これも秋田を代表する鍋料理・きりたんぽ鍋に使う比内地鶏は、比内鶏が天然記念物に指定され食べられなくなったため、品種改良で生み出した鶏です。
この、美味しいものを守り抜く執念を考えると、県民のお酒好きは、単に「飲みたいから飲む」というのが正解な気がしてきます。県民と付き合うには、肝臓だけでなく体重にも注意を払いましょう。ちなみに女性はよく美容室に行きます。さすがは秋田美人です。家計が成り立たなくなるかどうかはともかく、秋田県民は楽しむことが大好きだというのは事実なようです。

秋田 おもしろ DATA

方言

「めんけ（可愛い）」
「しょし（恥ずかしい）」
「えふりこぎ（格好つけ）」
「びゃっこ（少し）」

風習

・食材を持って行き、近くの公園できりたんぽ鍋を楽しむ「なべっこ遠足」という学校行事がある
・大館市にはアメ屋が集結し人々が買い求める「アメッコ市」がある

食生活

・おにぎりの中身は「ぼだっこ」という激辛塩鮭が定番
・「チャンポン」といえば、あんかけラーメンのこと
・ポテトサラダは甘い

ソウルフード

ババヘラアイス、味どうらくの里、いぶりがっこ、アベックトースト、学生調理、くじらかやき、だまこ鍋

○相性良／福島、山形、愛知
×相性悪／富山、大阪、香川

他県民には驚きの 秋田の珍常識!?

・食べきれない山菜は近所の加工所で缶詰にする
・夏が短いのにたいていの家にバーベキューセットがある
・「しめの乾杯」が公式な宴会の式次第にも載るほど定着している
・中学校の修学旅行の安否がＣＭで流れる

山形県

働き者で三世代同居率全国一！
内助の功に徹する山形女性は理想のお嫁さん

形子さん PROFILE

気立てがよく、しっかり者の庄内美人。嫌な顔ひとつ見せずに働く姿はお嫁さん候補 NO.1 と評判に。一方、マイペースな面が運転にも表れ、追い越されるのは日常茶飯事

★内陸の山形・米沢は保守的で堅実、まさに典型的な東北人気質だが、日本海側の酒田など庄内地方は港町として関西との交流もあった影響か、大らかで都会的なところも

しっかり者の山形女性は内助の功で家庭を支える？

海側の庄内地方は上方との交易の窓口になった歴史を持ち、内陸部はビジネス書でお馴染みの上杉鷹山《ようざん》のお膝元である山形県。保守的な気風ながらも、商人的な気質や人当たりのよさを備えた県民性で知られます。受けた恩は必ず返すという律儀《りちぎ》さがあるせいか、男性は社長になる人が目立つ一方、「庄内美人」で有名な山形の女性は、明るいながらもあくまで控え目。内助の功に徹する傾向があります。

男性にとっては実に羨ましい話かもしれませんが、両親や祖父母と同居している人が珍しくなく、郷土愛が強いため、山形女性はあまり外には出ません。庄内美人と出会いたい場合、こちらから率先して転勤していくのがよいでしょう。

芋煮会でつながる山形県民

山形県民が愛してやまない風習が「芋煮会」です。里芋を肉やネギ、コンニャクなどと一緒に煮込む郷土料理を、会社や地域の仲間同士、屋外で調理して楽しむ催しです。バーベキューと似ていますが、県民の思い入れはその比ではありません。会場となる河川敷には水場やトイレも設置している力の入れようで、秋になれば、雨天であっても橋の下で芋煮会を楽しむグループがそこかしこに見られます。

全国的には、山形市などが主催する「日本一の芋煮会フェスティバル」が有名。3トンもの里芋が入った超大型の鍋をパワーショベルでかき回している映像が、よくニュースで紹介されています。このため町おこしイベントといった印象が強いかもしれませんが、山形県の若者にとって、芋煮会は貴重な出会いの場でもあります。調味料を貸し合ったり、一緒に作業をしたりする中で恋が生まれるカップルは少なくありません。披露宴で新郎新婦のなれ初《そ》めが「芋煮会で知り合い」と紹介されても、県民にとっては「2人は職場の同僚で」という場合と同じ。少しも驚きません。

山形県に転勤した場合、芋煮会への積極的な参加が出会いの秘訣《ひけつ》のようです。

鷹山譲りの柔軟な発想力

昨今、日本列島の夏は35度以上の猛暑日が珍しくなくなりました。毎年のように岐阜、埼玉、高知など全国各地で最高気温記録の更新が相次いでいますが、少し前まで歴代最高を保持していたのは山形県でした。

そんな暑い夏、山形県民のご馳走のひとつがラーメン。多くの店が軒を連ね、県民もよく食べに行きます。といっても、暑さの中、汗を流してラーメンをすするわけではありません。県民はもっぱら「冷しラーメン」を注文します。
また、夏場に理美容店でさっぱり髪を切れば、「冷しシャンプー」で頭を洗います。暑ければ、冷やす。この割り切った発想力こそ上杉鷹山のDNAといえるかもしれません。山形訛《なま》りは牧歌的に聞こえるかもしれませんが、考え方は合理的。このギャップに戸惑う段階を過ぎれば、山形県民とはさっぱりとした付き合いができそうです。

山形 おもしろDATA

方言

・電話をかけて名乗るとき「佐藤でした」と過去形になる
「いてくれんげ（いい加減）」
「ごしゃっぱらげる（腹が立つ）」
「ガソリンをつめる（入れる）」
「ぶぢょほう（失礼）」
「ける（あげる）」
「けろ（頂戴）」

風習

・「花笠まつり」の「花笠音頭」は、小中学校の運動会でも行われる
・お盆には軒先に飛行機や車など乗り物のおもちゃをつるす

食生活

・すいか、サクランボなど何でも漬物にする
・ラーメンには小サイズがある

ソウルフード

だし、ぺそら漬、板そば、
もってのほか（食用菊）、
玉こんにゃく、オランダせんべい

○相性良／秋田、神奈川、岐阜
×相性悪／北海道、熊本、沖縄

他県民には驚きの 山形の珍常識!?

・トランプのハートは「あかもも」、スペードは「くろもも」、クラブは「みつば」、ダイヤは「ひしがだ」
・⑴や①を「1かっこ」「1まる」と読む
・芋煮会の季節はコンビニで薪が売られ、スーパーでは無料で鍋が借りられる

福島県

義理人情の会津・新しい物好きの中通り・陽気な浜通り　三地域三様の県民性

なあ兄貴！駅前に新しく店ができたんだってよ行ってみっぺ
いわき市中心の「浜通り」は陽気でエネルギッシュな性質を持つ
スイーツか……おっご当地の味新食感だって気になるな
んだっぺ
にっしゃら（お前たち）
そして都市部の『中通り』は新し物好きで柔軟性を持つ
遊びが過ぎんのは感心しねぇど
内陸の「会津」は頑固で努力家
だが総じて義理堅い
んだども付き合いは大事だし地元の新名所とやらさ行ってみっか？
ムー…
それぞれ個性は違えど、郷土を愛する心は変わらない福島県民なのである

福島三兄弟 PROFILE

年長者を敬い、義を重んじる長男・会津、都会的な次男・中通り、明るく開放的な三男・浜通り。個性は違っても地元愛の強さと人間関係を大切にするところはみな同じ

★親戚やご近所付き合いが密な上に信頼感も強いことは、NHKの全国県民意識調査にも表れている。また、「自分の両親を手本に生きていきたい」と答えた人の割合も全国一！　古きよき日本人の姿が福島にはあるのかも

「頑固」は県民気質の3分の1

福島県民といえば、「頑固」「真面目」というイメージでよく語られます。福島県を舞台にした大河ドラマ『八重の桜』でも、「ならぬことはならぬ（ダメなものはダメ）」と、いかにも正義感が強く融通《ゆうずう》が利《き》かなそうな台詞《せりふ》が登場しますが、これらのイメージは会津地方の県民性。実際には福島県民の気質はバラエティ豊かです。

福島県は「会津」「中通り」「浜通り」の3つの地域に分けられます。福島市や郡山市などがある県中部の中通りは、江戸時代、久留米藩（福岡県）からの移住者が多かったこともあり新し物好きで柔軟。いわき市を中心とした浜通りは、海に面しており、気候も比較的温暖なため陽気でエネルギッシュです。

このように地域や気質が分かれているため、県民は「福島県」と一括りにされることを嫌いますが、互いにライバル視するような風潮はどちらかといえば希薄《きはく》です。なので、福島県民との付き合いでは、地域差に神経質になる必要はあまりなさそうです。

損得よりも義理を選ぶ？

「会津の三泣き」という言葉があります。転勤してきた人が、雪深くどこか閉鎖的にも感じる見知らぬ土地に来たことに泣き、次第に会津の人の人情に触れて泣き、そして転勤で会津を去るときに離れがたくて泣く、という意味です。

会津人は一見とっつきにくいものの、情に厚く義理堅いことで知られます。他地域の県民も、人柄がよく信頼関係を重んじるため、頼みごとには誠実に対応してくれます。山口県と鹿児島県の人は多少〝幕末の遺恨トーク〟を覚悟したほうがよさそうですが、関係を築いてしまえば、何かと力強い存在になってくれそうです。

ただし、信義に厚いせいで損をしてしまうこともあり、横で見ていてやきもきさせられるかもしれません。たまに助け舟を出すことでふだんの恩を返すとよいでしょう。

また女性は、男勝りな人が目立ちます。男性によっては「怖い」「キツい」と感じてしまうかもしれませんが、しっかり者なので結婚相手としては頼もしいパートナーとなりそう。ただし「結婚するのが当たり前」と考える人の割合が全国一の福島県民、早婚の傾向もあるので、気になる人がいる場合は迅速《じんそく》なアプローチを心がけましょう。

原発事故にも静かに耐える

東日本大震災から数年たった今もなお、福島県は震災と原発事故の2つの苦しみを背負っています。未だに余震が続き、事故の収束がなかなか見えない中、県民は生まれ育った土地を愛し、さまざまな事情を抱えながらも日々を過ごしています。

世界的な注目を集め、日本全体にかかわる深刻な問題ながら、国民がみな絶望的にならずにいられるのは、控え目であまり自己主張しない福島県民の気質によるところが大きいかもしれません。当然ながら、事故の被害は福島県だけの問題ではありません。県民とともに真摯《しんし》に考えていきたいものです。

福島 **おもしろDATA**

方言

「ありがとない（ありがとうね）」
「〜なんだっけ（〜なんだよね）」
「〜だばい（〜だよね）」
「いきなり（超、すごく）」
「ぶんず色（青あざなどの紫色）」
「じゃっちゃご（適当）」
「はだいも（里芋）」

風習

・披露宴の乾杯前に両家の親族が「祝謡」を披露する
・葬儀で遺族は弔問客を接待しない
・地域で積立をして伊勢神宮に参る

食文化

・納豆に白菜漬を入れる
・おひたしにはマヨネーズと醤油
・焼きそばにカレーをかける
・饅頭を天ぷらにしてそばに入れる

ソウルフード

凍天、酪王カフェオレ、いか人参、かりんとう饅頭、薄皮饅頭、クリームボックス、ままどおる

○相性良／石川、和歌山、熊本
×相性悪／北海道、千葉、大阪

他県民には驚きの福島の珍常識!?

・白虎隊の歴史を学校で詳しく教わる
・ドラマ『白虎隊』の主題歌『愛しき日々』には涙ぐむ
・温泉玉子は「ラジウム玉子」と呼ぶ
・温玉そばは「ラジウムそば」
・喜多方ラーメンは朝から食べる

茨城県

「三ぽい」に隠された純朴な県民性 “魅力のなさ”は、思い込みの産物かも？

茨ちゃんて ちょっと 怖いよね
いろいろ噂 聞いちょるけど 本当なんか ねぇ？
なにぃぃ!?
ギンッ!
ざっけんな！ アタシのどこが 怖いって!?
ガーッ
え……だって この前も
ああ!?
ごっ ごめん……
あう
あう
茨城県人は「怒りっぽい」「飽きっぽい」「忘れっぽい」の三拍子
特に女性はがさつで勝気だと見られがちだが
いーやいじや けっこと！
（あーもう腹立つ）
ただいまー
お帰りー
どうしたの？ また何か 言われた？
うっせー 黙って なぐさめろよ
よしよし
それとは裏腹に、内面は女っぽかったりするところがなんとも可愛いぞ！

茨子さんPROFILE

正義感が強く、一本気なために勝ち気に見られがちだが、根は純情。米はコシヒカリ（※茨城産）、家電は日立、銀行は常陽をこよなく愛する。好きなタイプは年上の人

★基本的に男性も女性も微妙な駆け引きは苦手で、お愛想の言えるタイプではない上、濁音の多い茨城弁と相まって「怖い人」と誤解を受けやすい。一途なところもあり、離婚率は関東地方では群馬に次いで2番目に低い

怒りっぽく、忘れっぽくても、飽きっぽいは嘘？

「怒りっぽい、飽きっぽい、忘れっぽい」のが茨城県民といわれています。感情をストレートに表すため、空気を読んで器用に立ち回ることは苦手。このため本人にそのつもりはなくても、怒っているように見えてしまったり、「怖い人」と誤解されたりしてしまいます。

ですが、逆にいえば裏表がないわけですから、茨城県民と理解し合うのはそう難しいことではなさそうです。実際、県民には素朴で清々《すがすが》しい人が目立ちます。仮に本当に怒ったとしても、すぐ忘れてくれます。ただし県民の中には、五輪の金メダルを駅の公衆電話に置き忘れてしまうほど忘れっぽい人もいますので、大事な案件についてはしっかり確認しておくとよいでしょう。

県民気質にはもうひとつ、「水戸の三ぽい」があります。「怒りっぽい、理屈っぽい、骨っぽい」です。序列や権威、義理人情を重んじ、正義感が強い気風を指した言葉で、「水戸黄門」の世界そのものといえます。茨城県民と付き合うには、筋を通すことが大切なようです。まずは「いばらき」と正しく発音することから始めましょう。いかに飽きっぽいといわれる茨城県民でも、「いばらぎ」という誤った読み方だけは執念深く訂正してきます。

「ともに楽しむ」茨城県には魅力がない?

茨城県を代表する観光名所といえば水戸市の偕楽園。金沢市の兼六園、岡山市の後楽園と並ぶ日本三名園のひとつですが、ほかの2つと大きく違うのは、「ともに楽しむ」という名前の通り、大名個人の庭園ではなく、当初から公共の憩《いこ》いの場として造成されたという点です。このため現在でも入園料を取りません。

こんなウェルカムな茨城県ですが、民間調査会社が毎年発表している「魅力度ランキング」では、最下位の常連という残念な結果となっています。また、ほとんどの県民が郷土に「誇りが持てない」と考えているという調査結果も。全国で唯一、民放テレビ局がないため、県民の意識がまとまりにくいからだともいわれていますが、いずれにせよ茨城県民の前では、お国自慢もお国自虐も話題としては避けたほうが賢明かもしれません。

「よしもと」とのタッグは茨城県の反逆となるか

そこで茨城県庁では、渡辺直美ら県出身の「よしもと芸人」で宣伝隊を結成。「なめんなよ♥いばらき県」というスローガンでPR活動を始めました。どこか喧嘩《けんか》腰な文言に県民気質が垣間見えますが、「知らないのに魅力がないとレッテルを貼るな」という趣旨《しゅし》です。気質同様、県自体も誤解されているところがあるのかもしれません。茨城県の隠れた魅力を積極的に見つけていけば、県民とは強いきずなが生まれそう。ただしまっすぐな気質なので、お愛想やお世辞は逆効果です。

茨城 おもしろDATA

方言

「しみじみ（しっかり）」
「こわい（疲れた）」
「ごじゃっぺ（いい加減）」
「もやい（ダサい）」
「宿題をあげる（提出する）」
「するびく（引きずる）」

風習

・筑波山には必ず登る
・土浦市の小学校では入学祝いとしてランドセルが支給される

食生活

・正月には焼餅で塩鮭をくるむ「しょーびき餅」を食べる
・正月にうどんを食べる地域も
・餅米を成形せずにあんを載せただけの牡丹餅《ぼたもち》を食べる地域がある

ソウルフード

マックスコーヒー、しょぼろ納豆、スタミナラーメン

○相性良／福島、熊本、大分
×相性悪／神奈川、静岡、鳥取

他県民には驚きの茨城の珍常識!?

・俗語である「とっぽい（不良っぽい、キザな）」が現役で使用されているため方言と思われている
・高校野球だけでなく社会人野球の人気も高い
・国道125号線の俗称は「ワンツーファイブ」
・牛久大仏は世界最大のブロンズ立像

栃木県

“無個性”は単に無自覚なだけ⁉ 付き合うほどに味が出る「隠れ情熱人」

栃夫くんPROFILE

シャイで地味（他県人談）。口数が少ないのは、フツーに喋ってたら訛ってると言われたから。深く付き合えば冗談も言うし、意外と情熱的。でも真面目。日光は栃木

栃夫くんって今ひとつパッとしないのよね
適当なタイミングで帰…
人見知りで保守的？みたいな？
マルガリータってさ……
え？
作った人の亡くなった恋人の名前なんだよ
彼の腕の中で彼女は息絶えた
悲しいカクテルなんだよ
グラスの縁にある塩は彼の涙かもしんねぇね
知れば知るほど味が出る
宇都宮はカクテルでも有名なんだよ
へえ〜 ね、もっといろいろ聞かせてくれる？
栃木県人、いぶし銀

★カクテルコンクールで優勝したバーテンダーを多数輩出していることから、宇都宮は「カクテルの街」といわれるように。カクテルに興味があり、その魅力に触れたいと思う方はぜひ宇都宮へ！

一見ぶっきらぼうだが、知れば知るほど〝いぶし銀〟

「攻めの群馬、守りの栃木」などといわれるように、栃木県民は控え目で、先頭に立って音頭《おんど》を取るようなタイプは少数派です。口数も少なく、人に合わせたり、徒党を組んだりすることもあまり好まないため、第一印象は「ぶっきらぼうな奴」などと思われ、損をすることもしばしば。新しい物に対して慎重で、無駄遣いをすることもあまりないため、面白味のない堅物とも思われがちです。しかし、表にはあまり出さないだけで、内には情熱を秘めているのが栃木県民。じっくり付き合うことでだんだんと味わい深さがわかってくる、いわゆる〝いぶし銀〟タイプの気質を持っています。

そんな栃木県民とは、隠れた魅力の発掘に努めながら関係を築いていくのがよいでしょう。女性は男性に比べれば気さくで行動的なところがあります。

宇都宮餃子《ギョーザ》に見る県民気質

すっかり有名になった宇都宮市の餃子ですが、餃子の街としてアピールするようになった経緯にも県民気質がうかがえます。総務省の統計資料を眺めていた市職員が、宇都宮市の餃子購入額が全国一であることに偶然気づいたというのが始まり。つまり、長い間、日本一とはつゆ知らず餃子を食べ続けていたわけで、統計に教えられてようやく気づいたという格好です。

餃子と同じように、栃木県民は郷土について「これといった特徴がない」「中途半端」と思いがち。話している言葉も、標準語だと思っているフシがあります。控え目で慎重な気質が影響し、栃木ならではの特徴や差異があっても、見逃したり、それを面白がる発想と縁遠かったりするのかもしれません。

同じように、栃木県民は、自分自身の強みや魅力に気づいていないか、過小評価している可能性があります。「餃子の街」と同じように、何かの魅力に気づいたとき、ちょっと背中を押してあげると、思わぬ力を発揮することもありそうです。

情熱が発揮されるとついていけない?

栃木県のライバルは茨城県というのが、栃木出身のお笑いコンビU字工事の漫才で有名になりました。同じ内陸の群馬県をライバル視する県民もいますが、どちらにせよ、実際のところは漫才のように対抗心をあらわにすることはありません。ほとんどの県民は単なるネタとして楽しんでいるようですが、中には「他県をあまり悪く言うのは倫理上や教育上問題があるのでは」と心配する声も。慎重で真面目な人が多い栃木県民の気質が垣間見えるようです。

ただし、「東北地方」とされることには過剰に反発。JRの東北本線に「宇都宮線」という別名をつけるよう働きかけた歴史もあり、東北との線引きには妙な執念を注ぎます。栃木県民が内に秘めた情熱を表に出すときは、かなりの行動力を発揮しそうですが、その情熱が今ひとつ理解できない場合もあるかもしれません。

栃木

おもしろDATA

方言

「こわい（体がだるい）」

「だいじ（大丈夫）」「うら（後ろ）」

「終わす（終わらせる）」

「い（え）かんべぇ〜？（いいだろ〜？）」

「でれすけ（馬鹿者）」

「手わすら（手遊び）」

「手ばたき（拍手）」

「洗濯物をこむ（洗濯物を取り込む）」

風習

- 農村の蔵が石造り
- 頭が馬の観音像が道端に建てられている

食生活

- 水餃子は器に直接、醤油、ラー油、酢を入れる
- かんぴょうをよく食べる
- 焼きそばにジャガイモを入れる
- シュウマイの中身は玉ねぎと片栗粉でソースをかけて食べる
- 鮮魚売り場の定番はサメの切り身

ソウルフード

いもフライ、レモン牛乳、
耳うどん、ちたけ

○相性良／岩手、福井、愛媛
×相性悪／富山、大阪、宮崎

他県民には驚きの 栃木の珍常識!?

- 冷やしそばのつけ汁が熱い
- 給食の定番が郷土料理の「しもつかれ」だが不人気
- かきもちに柿が練り込んである

群馬県
義理人情に生きる男を支える働き者で「天下一のかかあ」な上州女性

群馬県は〝かかあ天下〟
借用書
〇月×日
アンタ！何この借用書って⁉
昔世話になった奴が困ってるって聞いてつい……あいつには恩があるんだ
ウチだってそんな余裕ないべ‼
実収入関東最下位
……仕方ないか
その義理堅さがアンタのいいところだもんねぇ
よーし任せな！そのくらいアタシが稼いでやっから‼
群美ー♥
男は義理堅く、女は働き者。それが群馬県民

群美さん PROFILE

気が強くて少々がさつだが、裏表がなく情に厚い。気立てはいいのに、言葉がキツいために誤解されやすい。新し物好きで、よく働き、よく使う。でもやりくりは意外とうまい

★男性の多少のやんちゃには大らかそうな群馬女性も浮気には厳しく、「浮気したら即別れる！」と考える女性が少なくないらしい。ただし離婚率は特に高いわけではなく全国で26番目。関東7都県の中では最も低い

家計を支える「かかあ天下」

群馬県女性の代名詞は「かかあ天下」ですが、〝女房関白〟な夫婦関係を意味しているわけではありません。むしろ県民の多くの家庭では、主導権はあくまで夫が持っており、基本的に妻は夫に従います。群馬の女性は養蚕《ようさん》や機織《はたお》りで家計を支えてきたという歴史があり、「かかあ天下」とは実際にはこの働き者な一面を指します。ただし威勢がよく言葉が荒っぽいという文字通りな一面も併せ持っているのは事実なので、男性は油断しないよう注意しましょう。

一方男性は「ギャンブル好き」とよく語られますが、実際にはそれほどでもないようです。とはいえ義理人情を重んじるあまり、損得勘定を度外視して家計に穴をあけてしまうことはあるようで、その分女性がしっかり支えるという構図です。群馬男性と結婚する場合は財布の管理に気をつけましょう。ただしメンツを大切にするので、女性は従うふりをしてコントロールする高等テクニックが必要です。

車も飛行機も大好きな凝《こ》り性？

2013年、18年間にわたる連載を終了したマンガ『頭文字D《イニシャル・ディー》』は、いわゆる「走り屋」たちの物語ですが、舞台は群馬県です。県民を語る上ですぐ引き合いに出されるのがこの「車」。車社会の群馬県では、「追い抜くと抜き返す人が多い」など、マンガ譲りの（？）県民性がよく指摘され、自動車業界でも「新車はまず群馬で売れ」が定法とされています。県民との会話の取っ掛かりは車の話題が有効かもしれません。

ところで宮崎駿監督の話題作『風立ちぬ』の主人公・堀越二郎は群馬県出身です。彼の勤務先のライバル企業である中島飛行機も群馬の企業。さすがは「鶴舞う形の群馬県」ですが、乗り物好きの県民気質とも重なります。県民の中には、単なる好きを超えた凝り性ぶりを発揮する人もいるかもしれません。職場でうまく乗り物関連の仕事を任せれば、思わぬ成果もあげてくれそうです。ただし損得勘定を度外視して取り組まないよう注意しましょう。

日系ブラジル人の県民も「かかあ天下」の活躍

群馬県民の一部を占めるのが、日系ブラジル人です。製造業の盛んな群馬県では、仕事を求めて来日する日系ブラジル人、ペルー人が多く、大泉町は人口の15％を彼ら外国人が占める全国有数のブラジル街です。日本の製造業の不振に伴い、祖国に帰る人も目立っていますが、2014年にはブラジルでサッカーのワールドカップが開かれることもあり、地元はブラジル文化での観光誘致に力を入れています。
中でも注目は大泉町や太田市などの少女で結成したご当地アイドル「リンダ3世」。南米のリズムに乗せた日本語交じりの歌が人気を集め、文化交流に一役買っています。国籍が違っても女子が活躍するのは、やはり「かかあ天下」の群馬県民というところでしょうか。群馬県民と出会ったら、まず女性を褒めるのが鉄則かも⁉

群馬

おもしろDATA

方言

・語尾は「さ～」で文頭は「はあ（早、もう）」
「あーね（だよね）」
「線引き（定規）」
「なから（とても）」
「にー（におい）」「だー（馬鹿）」

風習

・「上毛かるた」という郷土独自のかるたが盛んに行われている
・葬儀の香典に「新生活」という種類がある。例えば新入社員などは「新生活」と記した上で少額を納める

食生活

・豚肉を愛する一方、牛肉、鶏肉はあまり食べない
・スーパーには、すき焼き用の豚肉が売っている

ソウルフード

焼き饅頭、下仁田葱、39円アイス、みそパン、おっきりこみ、ペヤング

○相性良／千葉、広島、香川
×相性悪／北海道、青森、奈良

他県民には驚きの 群馬の珍常識⁉

・小中高の授業開始時は「起立、礼」ではなく「起立、注目、礼」
・運動会は「赤城・榛名・妙義」の上毛三山でチーム分け。浅間が加わることも
・運動会で綿菓子などの露店が出る
・病院に行くと帰りがけに「おだいじなさい」と言われる

埼玉県

温和でマイペース、県民意識の薄い心は「都民」な埼玉県民

どちらから来はったん？
東京のほうからです
「埼玉から来た」とはそうそう言わない埼玉県人
玉緒くんってほんなこつ「埼玉都民」たいね
しれっと
埼玉はほぼ東京だもん
……
ヘンなか業者やなかとやけん
「風が語りかけます」
「うまいうますぎる！」
県民意識はバリバリやのにね
はっ
名言バッチリやんw
いっ今のはつい……！
個性が薄いようで、その実しっかり特徴ある。これぞ埼玉クオリティ
ちかっぱ好いとうやろ？地元

※「力一杯.全力」

玉緒くん PROFILE

物心ついたときから、遊びに行くといえば都内の玉緒くん。地元埼玉よりも東京の情報に詳しいのが、もはやプライドに。大らかで遊び好き。人がいいところも

★「風が語りかけます……うまい、うますぎる！」は埼玉銘菓十万石まんじゅうのテレビCMで流れるキャッチコピー。絵を依頼された版画家・棟方志功《むなかたしこう》が「うまい、行田名物にしておくにはうますぎる」と絶賛した言葉が元になった

東京都との濃密な関係が生むコンプレックス

旅先で「どこから来たの?」と聞かれ、つい「東京の〝ほう〟からです」と答えてしまう埼玉県民。「だって東京って言えば（知名度的に）一発でわかってもらえるじゃない。ちゃんと〝ほう〟って入れたし」とは、とある埼玉県民の弁ですが、実際に通勤や通学、ショッピングなどで東京に出ることの多い彼らにとって、「東京」と答えるほうが自然なのかも。体（住居）は埼玉にあっても心は東京に向いている――「埼玉都民」と揶揄《やゆ》される所以《ゆえん》です。地図を見ると、まるで東京都にべったりと覆いかぶさっているかのように見える埼玉県は、かつては東京と同じ武蔵国《むさしのくに》。つまり、歴史的に見ても首都と最も濃密な関係を持った県といえます。この「近さ」ゆえ、他県民には理解の及ばないコンプレックスが埼玉県民にはあるのかもしれません。

埼玉県は、江戸時代には将軍の直轄地《ちょっかつち》が多く存在したため国としての統一感は育たず、県民としての団結力はかなり希薄といわれてきました。県民なのに知らない市があるというのもよく指摘されることですが、浦和レッズの圧倒的な観客動員を考えると、〝県民ナショナリズム〟をたぎらせるものに乏しかったというのが正解かもしれません。

温和で親切。だけど〝内部対立〟は……？

実情はともかく、浦和レッズを除くと埼玉県は「何もない」というのが県民の大方の見方。そこに、日照時間の長さや平坦な土地、内陸県ゆえの災害の少なさも相まって、埼玉県民はマイペースで温和な人が多いようです。流入人口が多いのも、単に東京に近いというだけでなく、ヨソモノを特別視しない温和で親切な県民性も背景としてはありそう。同じ東京のベッドタウンとして何かと比較される千葉県とのライバル関係も、「ま、いいんじゃない？」と大らかにとらえている県民は少なくありません。

ただし、旧浦和市と旧大宮市に代表される市同士のライバル関係はなかなか熾烈《しれつ》なものがあるよう。合併して「さいたま市」となった後、新市名や新市役所の設置場所をめぐり、激しく対立。ひらがなの市名になったのも、「埼玉」の地名の発祥の地である行田市が「埼玉市」という候補に異議を唱えたため妥協案として採用されたとか。この市同士の関係性については、県民と付き合う際に頭に入れておきたいものです。

親切さが生む頼れる力

東京五輪の開催が決まりましたが、１９６４年東京五輪の際の国立競技場の聖火台は実は埼玉県生まれ。前例のない巨大な鋳物《いもの》なのに工期が限られているため、引き受け手が見つからない中、川口市の鋳物師が「国のために」と採算度外視で引き受けたといいます。職人ならではの男気を感じますが、埼玉県民のイメージとはどうも釣り合わない気もします。ですが、マイペース、温和というキーワードを当てはめると、損をかぶってもやり遂げる親切さがそこには読み取れます。

いざというときには埼玉県民の優しさに頼ってみるのもありかも。

埼玉 おもしろDATA

方言

・「そうなん？」のように一部に西日本の言い回しが交じる

「なっから（すごく）」

「ちっとんべえ（少し）」

「きない（来ない）」

「おっぺす（押す）」

「てんまあ（あらまあ）」

風習

・8月に七夕がある

食習慣

・東松山市では「焼鳥」は串刺しの豚を味噌だれにつけて食べる

・米粉のパンである「さきたまライスボール」が給食の新定番

ソウルフード

山田うどん、ゼリーフライ、ガリガリ君、「るーぱん」のピザ、わたぼくコーヒー

〇相性良／静岡、島根、佐賀

×相性悪／秋田、長野、鹿児島

他県民には驚きの 埼玉の珍常識!?

・池袋（注・東京都）は埼玉県民の庭。というか、むしろ埼玉県に編入すべき

・「ダサイタマ」と言っていいのは埼玉県民だけ。他県民に言われる筋合いはない

・「フライ」というクレープに似た料理がある

・JR武蔵野線は少し雨や風が強くなると、すぐ遅延・運休する

千葉県

「東京〇〇」も気にしない！　関東のナンバー3も譲らない！　大らかで楽天的な千葉県民

享楽的な千葉県人は、とかく遊びごとで散財する
さー遊ぶぞーー♪
うき うき うき
ららぽーとTOKYO-BAYで買い物してー
ヒルトン東京ベイでディナーしてークラブでオールしてー
東京ってついてるけど千葉だっぺよ
千葉ってそんなのばっかりだよね
べ……っ別にいいじゃない！
東京も神奈川だって同じベイエリアだし!?
第一海もない県の玉緒くんに言われたくないし！
……
ついでに勝手に並び称される茨城も迷惑？みたいな？
てゆうかもう帰る!!
プイッ
一度すねると、ちょっと面倒
まあそう言いなやおごるから飲みに行かぇいか!!
今日の服もキマってるよ～
オシャレだっぺなぁ
そんなときには、ひたすらアゲてもてなそう！

葉子さんPROFILE

楽しいことが好き、天真《てんしん》爛漫《らんまん》で明るい。ちょっと飽きっぽいのも愛敬《あいきょう》のうち。高い山も好き。特に富士山最高！　ところでウツボやマンボウって美味しいの、知ってた？

★マイペースで遊び好き、付き合いもよい千葉県民は、旅先で土産物をたくさん購入する傾向があるらしい。観光地では周知の事実なのか、土産物屋で「千葉県の方! 千葉県の方!」と県名指定で呼び込みされたことがあるという、千葉県民の証言あり

関東地方のナンバー3はどこか

「東京ディズニーリゾート」「東京ドイツ村」「ららぽーとTOKYO-BAY」そして成田国際空港のかつての名称が「新東京国際空港」と、千葉県には「東京」の冠《かんむり》がついた大型施設がいくつも存在します。千葉と同様、東京のベッドタウンである埼玉では東京の名がついた大型施設はあまり聞かないだけに、「千葉県民はプライドがないのか」という声もちらほら。しかしそこは郷土意識が薄く、大らかで順応性のある千葉県民、「東京」がついていたって場所は千葉！　と、前向きに受け取っているようです。

ところで首都・東京を擁《よう》する関東地方各県は、どこが2位、3位と順位をつけたがる傾向があり、千葉県民もその例に漏《も》れません。というより「ナンバー2は神奈川県」が関東各県においては暗黙の了解となっているので、ナンバー3の地位をめぐり、ときに熱いバトルが展開されます。

千葉県にとっては、「海なし県」の埼玉県など論外、全国区の知名度を持つ施設が多くあるからこそのプライドか、「チバラキ」などと茨城県と一緒にされるなどもってのほか。関東のナンバー3は千葉と確信している県民も少なくないようです。千葉県民に関東地方の比較の話題を振れば、話はけっこう盛り上がるかも。

黒潮が運ぶ南国気質と都会的な淡泊さ

千葉県を代表する有名人といえば長嶋茂雄、古くは日蓮。カリスマ性と型破りな人柄で知られます。南国気質に通じるものがありますが、千葉県の醤油は黒潮に乗って来た和歌山県民が伝えたものですし、捕鯨《ほげい》文化も濃い地域。南部の「安房《あわ》」は、名前の通り阿波（徳島県）からの移住者が多く、南国と縁が深いのは確かです。

NHKの調査では「他人に嘘をつくこと」「夫婦以外の男女関係」「賭けごと」について「許せない」と答えた人はいずれも全国最少。これもまた南国由来のラテンなノリかと思いきや、縁の深い和歌山、徳島ではイエスと回答した人が多く対照的です。「家族の団らんを大切にする」「祖先とのつながりを感じる」にイエスと答えた人も全国最少で、どうやら千葉県民は、個人主義の淡泊な人間関係を好み、結果、よくも悪くも物事にこだわらず開放的ということなのかもしれません。他人にあまり干渉されたくない人には、とても付き合いやすいといえるでしょう。

千葉の新たな有名人⁉ 船橋市〝非〟公認ゆるキャラ「ふなっしー」

2013年8月、日本百貨店協会主催の「ご当地キャラ総選挙」でご当地キャラの頂点に立ったのは、千葉県船橋市非公認キャラ・梨《なし》の妖精「ふなっしー」。落書きがそのまま立体化したようなゆるさの外見とは裏腹に、「ヒャッハー！」と雄叫びを上げて小刻みに動きジャンプするアグレッシブさで一気に全国区の人気者になりました。「ふなっしーの行動と千葉県民の気質はどこか相通じるものがあるかも……」とつぶやく千葉県民も。テレビＣＭにも登場し、千葉の新たなヒーロー誕生かと、その行方が注目されているとかいないとか？

千葉 おもしろ DATA

方言

「あおなじみ（青あざ）」
「ずるこみ（割り込み）」
「チッケッタッ（じゃんけんぽん）」
「みぞる（魚をほぐす）」
「あじ（どう）」
「としょ爺（曽祖父）」

風習

・運動会では「なのはな体操」という独自の体操で準備運動を行う
・出産３日目に産婦が牡丹餅を３つ食べる

食生活

・ピーナッツはそれほどひんぱんには食べないが、せんべいはよく食べる
・梨もよく食べる

ソウルフード

マックスコーヒー、茹で落花生、ピーナッツ味噌、麦芽ゼリー、なめろう、伊達巻寿司、ホワイト餃子

○相性良／東京、滋賀、沖縄
×相性悪／青森、石川、香川

他県民には驚きの千葉の珍常識!?

・出席番号が誕生日順
・遠足は落花生掘り、社会科見学は醤油工場が定番
・夕方に帰宅をうながす防災無線の放送を「パンザマスト」と呼ぶ
・串に刺した魚の佃煮を「すずめ焼き」と呼ぶ

東京都

人に合わせる柔軟性と干渉を嫌う個人主義
何でもありで〝個性〟がないのがコンプレックス？

日本国民の1割が集中しているという大都市東京
予算規模は僕らの10倍だって？
たいしたことじゃないさ
与える影響は計り知れない
東くんは発言力もすごいもんね
ぜひ成功論を聞かせてくれぇや
！
それはいたしかねる
そこまで自分のことを話す必要がどこにある？
プライベート重視
悪いがそこまで干渉されたくないんでね
人付き合いですら合理的！
クールで徹底的な合理主義
……
おっと時間だ じゃ失敬
忙しい東京人とは、スリム化した人付き合いが求められるのだ

東くんPROFILE

首都歴140余年の若手（近畿地方談）。気風がよく人情味ある性格だったが、さまざまな人や文化と折り合っているうちにクールで合理的に。見栄っ張りは江戸時代からの伝統

★どこの地域も同じだろうが、東京生まれの東京育ちは地元周辺以外あまり詳しくなかったりする。流行《はや》り物にもすぐには飛びつかず、あんがいマイペースで出不精な面も。むしろ地方出身者や千葉・埼玉県民のほうが東京に詳しい傾向が

個人主義だが顔を合わせる関係は重んじる

日本人の10人に1人が暮らしている東京都。「地方の時代」という言葉とは裏腹に、一極集中化がやむことはなく、今も続々と新しい「東京都民」が生まれています。経済や文化も東京に集まっており、予算規模は他県の数倍~十数倍、なんとスウェーデンの国家予算とほぼ同額！　当然、全国に対する影響力は計り知れず、都民は東京以外の日本をあまり知らなくても、特に問題なく生きていけてしまいます。

全国からあらゆるタイプの人が集まるため、都民は適度に話を合わせることには慣れています。ときに空気を読みすぎて八方美人になることもありますが、本音はあまり漏らさず、真意のつかみにくいところがあります。基本的には個人主義を好み、深入りするのもされるのも嫌いますが、顔を合わせる関係性は逆に重んじる傾向も。忙しい東京人と付き合うには、まめに連絡、余裕を持ったアポ取りを心がけましょう。

東京都民は実は冷たくない？

東京都民のほとんどは、地方から上京してきた人々です。その多くは、「田舎者」と思われないように、方言などの地方色を極力消し、巨大都市特有のルールを覚え、早く東京に自分を馴染ませようとします。濃い人間関係を好まない個人主義が浸透しているのは、このあたりにも理由がありそう。

唯一の例外が大阪など関西から来た都民。臆《おく》することなく関西弁で会話し、「標準」の軸足を関西から移そうとしません。それどころか関西人であることを誇示することも珍しくなく、郷に従おうとしている他地域から来た東京都民に敬遠されがち。関西系都民とは、面と向かって付き合うと意外なほど控え目になることもあるので、避けたり非難したりするよりも語り合うほうがいい関係が築けるでしょう。

一方、生まれも育ちも東京の生粋《きっすい》の都民は、地方色豊かな文化を羨んだり、「標準」であるがゆえのカラーのなさにコンプレックスを抱いたりすることも。気さくな人が多く、「東京は冷たい」と言われることに反発を覚えます。生粋の都民とは、互いの故郷について話してみると深い関係が築けそう。男性は好奇心旺盛で行動力があり、地方に移り住んでも柔軟に対応しますが、女性は保守的で環境の変化にストレスを溜《た》める人もいます。もし東京から越してきた女性が身近にいたら、気遣ってあげて。

価値があると思えば行列にも並ぶし、金も出す

一流のファッションやグルメが身近に溢《あふ》れている東京。都民の目は当然肥えています。よい物を手にするためには行列にだって粛々《しゅくしゅく》と並ぶし、値段が高くてもそれだけの価値があると判断すれば、喜んで支払うのも東京人。彼らと同レベルで付き合うには、懐具合も体力も気力も充実させておく必要がある……かもしれません。なお、都民が地方を訪れたときは、その東京基準の物差しのせいで思わぬ損をしていることもあるので、地元の相場観をまず教えてあげるとよいでしょう。

東京

おもしろ DATA

方言

「ぺけ（最下位）」「かたす（片づける）」

「ひおしがり（潮干狩り）」

「いつのかまに（いつの間にか）」

「てめ、このやろー（おい！）」

「びっとする（ちゃんとする）」

「つんつるてん（袖が短い様子）」

風習

・都民の日（10/1）は公立校は休校になり、都立の美術館や動物園などは無料になる
・通夜の参列者に食事を振る舞う

食文化

・ウナギは寿司で食べない
・ネギといえば白ネギ
・葛餅の原料が葛粉ではなく小麦粉
・桜餅が円筒型
・年越しそばはもりそば

ソウルフード

ちくわぶ、はんぺん、
ブルドックソース、やきとん、
タンメン、コロッケそば、ホッピー

○相性良／新潟、奈良、長崎
×相性悪／福井、広島、宮崎

他県民には驚きの 東京の珍常識!?

・正月と８月は街がもぬけの殻
・花見スポットに霊園が多い
・全国ニュースを読み上げたアナウンサーがそのまま地域のニュースも読む
・地下鉄の運営会社が２社あり、運賃が違う

神奈川県

都市あり古都ありリゾートあり
バツグンの知名度を誇る〝関東ナンバー2〟

浜子ちゃんて いつもおしゃれ だよねー
まあね
なにせ ハイセンスな街で 育ってるしねー
ペラ ペラ
元町ー
赤レンガ 中華街に ランドマークタワー…？
ペラ ペラ
たいていは ハマで こと足りちゃう じゃん？
そこ以外は おしゃれでも ない街 だよね？
ぶっちゃけ 横浜の一部 以外はそこそこ 田舎でしょ
箱根とかも 神奈川だし 観光地多い よねー
そもそも 神奈川の人って どうしてみな 出身地を県名で 答えないの？
てか都会が ピンポイント すぎるんだよ
うっ
そっ…… そこまで 言う……？
すましてる ようで実は とても繊細な 神奈川県人への 言葉選びは慎重に
嘘っ
あっ

浜子さんPROFILE

横浜（もちろん神奈川県も）をこよなく愛している自称〝浜っ子〟。おしゃれ大好きセンスに自信あり！　プライドが高く傷つきやすい面も。東京には負けてないと信じてる

★横浜市は神奈川県の中では最も広いので、他県民の抱く横浜のイメージとはほど遠い地区もある。「横浜出身です」という人がいたら、「横浜のどこらへんにお住まいですか？」とは突っ込まないのが優しさというもの……かも

「神奈川県民」はいない？

東京都の存在感が圧倒的な関東地方では、千葉と埼玉はどちらが上かなど、他県との比較がよく話題にのぼります。しかし、そんなよそ見にちっとも関心がないのが神奈川県民。横浜市の存在感をはじめ、鎌倉や箱根といった観光地に、湘南の海、湯河原の温泉とバラエティに富むため、たいていのことは県内でこと足りると考えています。この満足感が「よそとはひと味違う」と悠然《ゆうぜん》と構える自信とプライドにつながっており、どちらが上かで口論している関東地方の各県民に対しては「大変そう」と、高みの見物を決め込んでいます。ただし、各市や地域の知名度が高いせいか、「神奈川県民」と名乗る県民はあまりいません。出身や地元を尋ねれば「横浜」「鎌倉」「小田原」「湘南」などと返ってきます。

横須賀市など県東部では、大都市を鼻にかけているフシのある横浜市民にライバル心を燃やす傾向がありますが、東端の川崎市は東京のベッドタウンでもあるため、市民の意識は横浜ではなく東京に向きがち。湘南地域の人々はマイペースで地元愛に溢れる人が多いのですが、どこからどこまでが湘南エリアに含まれるかという線引きには妙な執念を燃やすことも。

神奈川県民と付き合うには、事前に地理の理解を深めておくことをおすすめします。

付き合いやすいが女性は傷つきやすい？

横浜市は幕末期、アメリカに迫られ開港するまでは東海道から外れた寒村でした。外国文化の流入とともに続々とヨソモノが集まり築き上げられた比較的新しい町といえます。このため人々の気質は新し物好きで開放的。歴史のある鎌倉市でも、市民は意外と（？）新しい物を好みます。

オープンで付き合いやすい県民性ですが、個人主義が発達しているので他人の干渉を嫌います。そのせいか女性は繊細な人も多く、特に横浜市民であることを強くアピールしてくる女性は高飛車《たかびしゃ》に見えても傷つきやすい場合がよくあります。自分自身より、横浜を悪く言われるとムッとしたり傷つくという人も。県民と口論になっても土地の悪口を言うのはやめましょう。

宵越《よいご》しのお金は持たないし眠らない

神奈川県民は遊び好きです。ショッピングやレジャー施設も多くあり、新し物好きのためお金もよく使います。読書のように、あまりお金のかからない趣味には興味は薄いようです。ギャンブル好きも多く、「宵越しの金は持たない」という江戸っ子気質は、現代では神奈川県民のほうが当てはまるかもしれません。

ちなみに数字的には僅差《きんさ》とはいえ、平均睡眠時間は全国ワースト1。通勤・通学時間が全国一長いこともありますが、趣味・娯楽時間も全国一。神奈川県民と付き合うには、出費と睡眠不足は覚悟したほうがよさそうです。

神奈川

おもしろDATA

方言

「〜じゃね（〜だね）」
「〜だべ（〜だね）」
「よこはいり（割り込み）」
「かったりい（だるい、面倒臭い）」
「ぼこす（ひどい目に遭《あ》わせる）」

風習

・十五夜に子どもたちが菓子を求めて近所を回るハロウィンのような風習がある
・学校の卒業式など公式行事の際、横浜市歌を歌う
・中学校で「ア・テスト」という試験を受けた（今は廃止）
・納棺の際、豆腐を塩で食べる

食生活

・シウマイをよく食べる

ソウルフード

サンマーメン、ポテチパン、「ハングリータイガー」のハンバーグ、鳩サブレー

○相性良／北海道、東京、山口
×相性悪／愛知、京都、徳島

他県民には驚きの神奈川の珍常識!?

・地下鉄でも横浜市歌が流れる
・鳩サブレーの缶は捨てずに利用
・名前に「さば」のつく神社が多い
・「ダイナミック」と言うと「ダイクマー」と返ってくる
・「横浜」は横浜駅周辺を指し、桜木町周辺とは明確に区別する

近畿

PART2
中部
近畿

中部

新潟県

目立たずコツコツ努力の安定志向、でも家族や仲間のためならふた肌だって脱ぐ！

新くんはどうも頼りないところがあるな
ああ〜っ
も、もうしわけない…
だぱ
長男ってもっとしっかりしてると思うんだけど
お兄ちゃんなじょだいい（大丈夫？）
はいコレ
シャツもシミんなるっぺはよ脱いで
ああ……
すみませーん！おかわりもらえっかね
それに比べて妹の潟代ちゃんのしっかりしてること
あっ〜
あれはいい嫁さんになるわ
色白で美人で男を立てて……ええなあ潟代ちゃん♥
ほう…
ここにも骨抜きがひとり……
うーむ
もはや魔性w
情が深い越後美女の虜になる男性は後を絶たない

新潟兄妹 PROFILE

生真面目で勤勉な新くん。妹の潟代さんがしっかりしすぎているからか、イマイチ頼りないとの噂が。妹思いで、潟代さんのスカート丈の短さを常に心配している

★新潟県民は「しょうしがり（恥ずかしがり）」で、特に他県民に対して発揮されやすいとか。頼りなく見えるのは、その気質も一因かも。ちなみに本書では新潟を「中部」に分類しているが、これに異議のある新潟県民は多いのでは？

「越後美人」に骨抜きにされる越後男子？

「新潟では杉と男は育たない」という言葉があります。農家の大家族が多い新潟県では、長男が大事にされすぎるため、のんびり屋に育ってしまうという意味です。

一方、女性はよく働くしっかり者。明るく気さくなタイプが多く、「越後美人」として知られます。県内の若い女性をグラビアで紹介するフリーペーパーや観光パンフレットも発行されており、「美人」は伊達ではありません。「男が育たない」のは、このような美しく生真面目な女性に、男性があまねく骨抜きにされるからという説もあるほど。それを裏付けるかのように、県民の離婚率は全国最下位です。

ちなみに美人を生み出す理由のひとつに、日本酒の美肌効果が指摘されています。実際、新潟県民は男女ともよく日本酒を飲むので、越後美人攻略を目指す男性は、体調管理に気をつけましょう。

〝育たない男子〟も「のめしこき」は認めない

とはいえ新潟男子もだらしないわけではありません。雪深い気候条件のせいか、コツコツと努力する粘り強さがあります。手に職をつけようとする意識が高く、怠けることを「のめしこき」と呼んで嫌います。ギャンブルにも興味を示しません。新潟県の男性が、仮に「育たない杉」のように頼りなく見えても、安定志向の女性には信頼できるパートナーになってくれそうです。

また新潟県民は目上の人間の命令を素直に聞き、目立つことを避けるため、仕事はもちろんレジャーでも集団行動が円滑に進みます。県民とはスポーツや趣味の集まりを積極的に企画すると充実した休日が送れそう。ただし頼れる存在だとしても「しょうしがり」なため、草野球チームの主将など、責任者に推《お》すのはやめましょう。

県民に「仲間」と認められたら百人力!

サッカーJリーグのアルビレックス新潟は、観客動員数の多さで知られますが、同じく新潟県に本拠地を置くバスケットボールや野球独立リーグのプロチームも多くの観客を集めています。この背景には、県民の仲間意識の高さがあります。

新潟県民は身内や仲間を非常に大切にする気風があり、地元に暮らし続け、転職もあまりしません。日々の付き合いで強固な関係性を築いているため、いざとなれば損得抜きで助け合います。県民と知り合いになれば非常に心強そうです。

ただし、県民にとって「仲間」とは「派閥」に近い意味合いがあり、仲間と認められるかどうかが仕事の成否にかかわってくることもあります。県民と接するときには、とにかくこまめな顔つなぎを心がけましょう。

また、ここでもモノをいうのはお酒。県民は地酒を褒められるとことのほか喜ぶ傾向があります。「やはり日本酒は新潟ですね」と効果的に賛辞を駆使《くし》しつつ、アルコールの力を借りて県民と胸襟《きょうきん》を開いて話すと、大きな力になってくれそうです。

新潟 おもしろDATA

方言

「しかも（とても）」
「かけられる（指名される）」
「はちゃね（じゃあね）」
「教務室（職員室）」「アタン（トタン）」
「しねばいいのに（しなければいいのに）」

風習

・年始の挨拶には羊羹《ようかん》を持参
・通夜で香典のほかに紅白の水引で「お見舞い」と表書きした袋を渡す

食生活

・赤飯は茶色く醤油味、小豆ではなく大豆を入れる
・「イタリアン」は「ミートソースをかけた焼きそば」を指し、ファストフードチェーンもある

ソウルフード

サラダホープ、もも太郎アイス、塩引き鮭、フグの子粕漬け、レーメン、へぎそば、半身揚げ

〇相性良／青森、東京、島根
×相性悪／神奈川、京都、佐賀

他県民には驚きの新潟の珍常識!?

・模造紙を「大洋紙」と呼ぶ
・スピーチの最初などに「ごめんください」と断る
・飴が包みの中で溶けてベタベタになることを「飴が泣く」という
・花火が好きで除夜の鐘の告知や同窓会のイベントでも行う

富山県

豪邸を建てるのがステータス 真面目に働き堅実に貯《た》めて派手に使う

富男くんPROFILE

30歳までに結婚し、35歳までに10LDKのマイホームを建てるべく、現在せっせと貯蓄中。ケチと思われても気にシナイ！ 好きなタイプは経済的にも精神的にも自立した真面目な女性

よかったら一杯行かない？
おっよかねえ富男も行くやろ？
なーん（いや）遠慮しとくちゃ
突発的な飲み会とか無駄遣いにしか思えんがやちゃ
悪いがやけど
「クールで真面目な合理主義者」それが富山県人である
さすが人呼んで「北陸の大阪人」
そやけど今からあげん倹約してどうすっとやろねえ
～♪
貯蓄だったり（笑）
飲み会に行ったつもりで三千円！
ちょっこ夢に近づいたうぇ～
MY資金
じゃら
じゃら
持ち家比率全国2位の富山県。豪邸を構えることが彼の夢である

★女性も勤勉で働き者。隣県の石川県では「嫁は越中（富山）からもらえ」といわれるほど。共働き率も高く離婚も多いかと思いきや、離婚率は全国最低レベル。財布のヒモだけでなく身持ちも堅いのか、はたまた金さえ入れれば……なのかは不明

持ち家のためトコトン節約する「北陸の大阪人」

コツコツ働き、立派な家を建てる――これが富山県民の理想のライフスタイルです。持ち家比率は全国2位、家の広さは全国1位！　そんな立派な家を建てるわけですから、当然、無駄遣いはしません。その徹底したケチぶりから、「北陸の大阪人」と称されることもあります。

真面目に働きかつ堅実とくれば、面白味には欠けるかもしれませんが、部下や結婚相手にうってつけの県民性といえます。ただし、「富山の薬売り」で知られる地道な商人の活躍した富山県は、安田財閥や丸井、博報堂といった名だたる大企業の創業者を生み出した地でもありますから、部下にする場合はそのうち追い抜かれる可能性を頭に入れておくとよいでしょう。

また、「家を持ってこそ一人前」というある意味古風な価値観が強いため、結婚相手としては、人によっては息苦しく感じてしまう場合もあるかもしれません。

使うところでは使う派手好きな一面も

けれど、富山県民はただのケチではありません。例えば県民が愛してやまないかまぼこは、富山湾から上がる海の幸を余すところなく利用し尽すという、実に合理的な節約術から生み出された産物ですが、見栄えは色とりどりで華やか。無駄遣いを嫌いながら一方で派手好きなのも、やはり「北陸の大阪人」というところでしょうか。

特に結婚式の引き出物の定番である、鯛や鶴などをかたどった「細工かまぼこ」の出来栄えは、他県民にすればちょっと引いてしまうほどの派手さ。ふだんはケチでも、ここぞというときには見栄を張るのが富山流のプライドです。その際たるものが「家」ということでしょう。ちなみに1軒あたりの平均部屋数はなんと7・5部屋！　富山県民と親しくなるには、まずはお宅訪問から始めたいものです。

ドラえもんの合理性と計画性

富山県といえば『ドラえもん』。作者の藤子・F・不二雄は富山県出身で、その内容には県民気質が反映されているという指摘もあります。

そもそもドラえもんが未来から「のび太くん」のもとへやってきたのは、彼の子孫がのび太の遺《のこ》した借金に苦しんでいるからで、元凶であるのび太を子ども時代から更生しようと考えたため。借金を元から絶つという合理性と、それを子ども時代の教育から始めるという気の長い計画性は、まさに富山県民の発想です。

そして手っ取り早く楽をしようと、のび太がドラえもんの便利な道具を悪用すれば、かならずしっぺ返しが訪れます。忙しい現代人は、ついつい目先のことだけを考えて動いてしまいがちですが、物事を根本からよくしていこうとするなら、腰をすえてじっくり進めていかなければならないということでしょう。富山県民に学ぶことはたくさんありそうです。

富山 おもしろDATA

方言

「きときと（新鮮な様子）」
「なーん（ううん）」「だら（バカ）」
「ちんちんかく（正座する）」
「だんこちんこ（互い違い）」
「はんごろし（おはぎ）」
「みなごろし（もち）」

風習

・正月には菅原道真の掛け軸を床の間に飾る
・家を建てると親戚総出でお披露目が行われる

食生活

・味噌汁にキュウリを入れる
・中華丼には目玉焼きとチャーシューがのっている
・お好み焼きに昆布を入れる
・おでんにとろろ昆布をのせる

ソウルフード

白エビ、黒作り、日本海みそ、ます寿司、よごし、昆布

○相性良／新潟、岐阜、鳥取
×相性悪／愛知、高知、熊本

他県民には驚きの 富山の珍常識!?

・かまぼこは渦巻き状に作るため「かまぼこ板」がない
・蜃気楼が出るとサイレンが鳴る
・中古車を「腐った車」と呼ぶ
・消防車を「ラフランス」と呼ぶ
・歌の1番2番のことを1題目2題目という
・お祝いや法事でどら焼きを贈る

石川県

優雅でマイペース、でも堅実な“お坊ちゃま・お嬢さま”気質

お坊ちゃま・お嬢さま大国の石川県
第十回 工芸展
素晴らしい工芸展やったね
こないだの舞台も見応えあったしね
芸術当たり年やわいね
加賀さん今日着とらん友禅か?
おいね 祖母の代から受け継いだが
一見気取っているようだが、これが普通
そろそろお昼どきやいね
どっかで寿司でも食べっかいね
気にしたら負けなのだ
海の幸フェア
そして忘れてはならないのが、石川県民のお寿司好き
ノドグロくれっけ
回転寿司でも直に注文を入れる
ほな私はガスエビをお願いいたしますわ
全国2位は伊達ではない通いっぷりと、ネタの豊富さには目を見張るぞ

登くん&加賀さん PROFILE

おっとりとした良家の子女。優しい反面プライドが高く、北陸では自分たちの右に並ぶ者はないと信じている。代々受け継いだ芸術や伝統工芸が誇り。趣味は芸術鑑賞

★人当たりがよく、スマートな印象の石川男子。恋愛では奥手で自分からアプローチできない人が多いといわれているが、NHKの全国県民意識調査によると「男は女より優れている」と答えた人の割合が全国一！　実は隠れ亭主関白？？

高貴な振る舞いがスタンダードの「小京都」人

高貴な家柄のご令息やご令嬢が、身分を隠して町に繰り出し庶民文化に戸惑う。こんな使い古された物語のような光景が、石川県内の回転寿司店では普通に見ることができます。県民の誰もが回っている皿には目もくれず、自分の食べたいネタを次々注文。「ほかの人がスルーした皿になんか手はつけない」とお高くとまっているわけではなく、単に回転しない一般の寿司店のイメージが頭に焼き付いているせいです。

そんな県民のお宅を訪ねると、お茶とともに懐紙《かいし》にのせた和菓子が出てきます。さすがは加賀百万石、さすがは小京都・金沢といったさりげない雅《みやび》さが漂いますが、出された方は硬直してしまいそう。茶の作法をひとつも知らない自分を恨みつつ、「試されているのだろうか」という強迫観念まで湧《わ》いてきそうですが、これもただ単に客人をもてなす普通のこととして特に意識もせずやっているのです。

小京都とはいえ、本家・京都の「ぶぶ漬け伝説」とは異なる素朴さがそこにはあります。石川県民と付き合う際、日常の何気ないことがどこか高貴に見えたとしても、深く考える必要はなさそう。

ただし、富山県や福井県と一括りにされることを嫌い、県内でも金沢市とそれ以外の地域を分けて考える価値観は、京都人とぴたり重なるところがあります。

マイペースで甘いもの大好き

金沢市の中心部には、東京・渋谷と同じく商業施設「109」のビルが屹立しています。こんな都会だからこそ、富山や福井と同格扱いは許せないというプライドが生まれるわけですが、気忙《きぜわ》しく新しい物が尊ばれる大都市とは違い、県民気質は保守的でマイペース。休日にどこかへ出かけても、混雑していれば平然とUターンします。

これもまた、「加賀百万石」ゆかりの悠然とした気風を感じさせますが、和菓子やチョコレート、アイスクリームといった甘い物の消費額がいずれも全国1位という圧倒的な甘党ぶりと合わせて考えると、お坊ちゃま・お嬢さま気質といったほうが的を射ているのかもしれません。

本当は準備のいい堅実県民

北陸地方ではお馴染みの格言に「弁当忘れても傘忘れるな」があります。天気が変わりやすい独特の気候条件のため、傘の大切さを肝に銘じる意味ですが、「弁当」と比べるところにシビアさや人々の堅実さがうかがえます。

〝お坊ちゃま・お嬢さま気質〟の石川県民も例外ではありません。道楽好きのようで真面目なのです。そういえば、石川県で伝統工芸が盛んなのは、大名の前田家が、江戸幕府からにらまれないよう、美術工芸にうつつをぬかす「バカ殿」を装ったためだとか。石川県民の優美さに恐れをなす必要はありませんが、「世間知らず」と甘く見ると痛い目に遭いそうです。

石川 おもしろ DATA

方言

「たった（とても）」
「〜しまっし（〜しなさいよ）」
「はげぇ（悔しい、憎たらしい）」
「コケ（キノコ）」
「つるつるいっぱい（液体が器からこぼれるくらい入っている様子）」

風習

・鏡餅は紅白の餅を重ねる
・来客が帰るときに菓子を持たせる風習がある
・小学校の修学旅行がない

食生活

・冷奴に辛子をつける
・缶コーヒーを家庭に常備している
・こたつでアイスを食べるのが好き

ソウルフード

8番ラーメン、べろべろ、頭脳パン、ガスエビ、ハントンライス、金沢カレー

○相性良／京都、滋賀、島根
×相性悪／群馬、高知、鹿児島

他県民には驚きの石川の珍常識!?

・靴の踵を踏む状態は「ズッパ」
・「キンダイ」といえば金沢大学、「ホク大」といえば北陸大学
・「若い力」を踊れる
・住所に片仮名1文字のものが多い
・カジキのことをサワラと呼ぶ
・タラコはモミジコと呼ぶ
・トランポリン競技が盛ん

福井県

働くときは働き、遊ぶときは遊ぶ
メリハリのきいた「日本一幸せな県」

乾杯ー!!
お疲れー
お疲れっしたー!!
遊び好きな福井男子
対して女子はしっかり者が多い
福夫くん あんま羽目外したら あかんよ この前も大変やったやろ?
まあまあ 福美ちゃん そがーに堅いこと言いんさんなや
ほら ほやで ゆうたんや
大丈夫? 起きられる?
帰るん? お休み～ また連絡するけ～
これでうまく付き合えていると思ってはいけない
もしもし 福美ちゃ
おかけになった電話は……
どしたん?
表立って拒絶しないが、その実切られていることもままあるようだ

福夫くん**&福美**さん
PROFILE

基本的には真面目だが、遊びも好きな福夫くん。しっかり者の福美さんはそんな福夫くんをフォロー。きっと結婚したらできた女房になるだろうともっぱらの噂に

★その昔「越前商人」だったころの商人気質が顔をのぞかせるためか、はたまた単に争いごとは避けたいだけなのか、メリットがなかったりその気がなかったりすると黙って去って行くことも

真面目で勤勉、女性は日本一の働き者

歴史ファンには松平春嶽《しゅんがく》でお馴染みの福井城跡には、県庁と県警本部のビルが鎮座《ちんざ》しています。城の敷地内に庁舎のある県はほかにもありますが、ここまで見事に石垣と堀に囲まれた本丸に県庁があるのは福井県だけ。権威主義がチラホラする立地ですが、建設当時目立った反対はなく、最近になってようやく「観光資源を無駄にしているのでは」という意見が出ているようです。

このように、福井県民は〝お上〟に従順で勤勉、真面目な人が多く、宣伝がヘタ。コシヒカリが福井県で生まれながら、いつの間にか新潟県のものになってしまっていることはよく引き合いに出されます。その一方で、小浜市がオバマ大統領を勝手に応援する運動は妙な盛り上がりを見せるなど、お祭り騒ぎには意外なノリのよさがあります。特に男性は飲み会が好きなので、積極的に酒の席に誘うと親睦が深まるでしょう。愛知県同様、結婚式の派手さは有名で、「使うところでは使う」という見栄が強いため、ここぞという飲み会のときには奢《おご》ってくれるかも。

対する女性は働き者のしっかり者。共働きの割合は全国2位で、女性の労働時間も長く、愛を紡《つむ》ぐより生活を整えることに価値を見出《みいだ》す女性が多いようです。

存在感が薄く幸福な「日本のブータン」？

法政大学発表の幸福度ランキングで1位に輝いたのが福井県です。確かに福井は完全失業率が低く、共働きで収入も多くて持ち家率も全国トップレベル！　しかし当の県民自身は、他県民から福島や福岡と混同されることも珍しくなく、人口も少ないことから「存在感が薄い」「ざいごくさい（田舎くさい）」と自認しており、この結果には困惑しているというのが正直なところ。「福井はいいところですね」と褒めれば、「ただの田舎」という自虐と、「食い物がうまい」という自信が同時に返ってきて、〝自画像〟の不確かさがうかがえます。

最近では世界一幸福な国になぞらえ、「日本のブータン」というキャッチフレーズも登場。ブータンとの交流も始まり、福井市内にはブータンミュージアムもあります。もし身近に福井県民がいたら、「幸せ」について語り合ってみては？

学問好きが尊敬される？

県の偉人に、橋本左内と由利公正、2人の幕末の志士がいます。このうち由利公正は「五箇条の御誓文《ごせいもん》」の起草者で東京府知事も務めた大物ですが、なぜか県民の尊敬を一身に集めているのは橋本左内。「左内公園」や「左内まつり」があるほどです。

福井県民は社長の輩出率が高く、したたかな気質がありますが、尊敬されるのは、立身出世した人より学問をしっかり修めた人のようです。前出の橋本左内は頭脳明晰《めいせき》で知見の豊かな人だったとか。福井県民には、知識の深さや頭の回転のよさを見せれば一気に関係が深まるでしょう。取引先の社長が福井出身なら新規の契約をくれるかもしれません。

福井

おもしろDATA

方言

「ひって(とても)」「ちっかっぺ(とても)」

「のくてえ(馬鹿)」

「〜なる(尊敬の助動詞。〜される)」

「ほやほや(そうそう)」

「おぞい(粗悪な)」

「かぜねつ(口内炎)」「おぇ(感嘆符)」

風習

・ごぼう料理をひたすら食べる「ごぼう講」という行事がある
・男子が生まれると菅原道真の掛け軸を飾り、カレイを供える

食生活

・雑煮の具が餅以外ない
・硬い里芋を食べる
・厚揚げやがんもどきが巨大
・おにぎりにとろろ昆布を巻く

ソウルフード

ハムエッグ、ソースカツ丼、
「秋吉」の焼鳥、へしこ、せいこがに、
豆入り番茶、おろしそば

○相性良／岐阜、奈良、和歌山
×相性悪／群馬、広島、佐賀

他県民には驚きの福井の珍常識!?

・水羊羹は冬のおやつの定番。缶詰ではなく箱詰されている
・じゃんけんをするときの掛け声は「じゃんけんもってのヨーロッパ」
・「〜しなさい」という意味で「しね」あるいは「しねま」といい、どちらも誤解されやすい

山梨県

したたかな商人気質と身内愛の強さで「出る杭《くい》」を育てる県民に生まれ変われるか

富士山は山梨側からの景色が最高だ！
お札の富士山も山梨側から描かれてるしな!!
特に甲府盆地とのコラボがたまらないんだよな？
山中湖からの景色だろ？
盆地
湖
甲府盆地！
山中湖!!
ぎゃい
じゃあここはもう河口湖からの景色が一番ってことでいいよね？
ぎゃい
横から出しゃばってくるなよ!!
連帯意識持てよ!!
きみたちに言われたくないよ!!
負けず嫌いで、出る杭は決して許さない山梨県人であった

やまなしーずPROFILE

身内の団結力が強い分、誰かひとりが抜きん出ることを嫌う。我慢強いと思いきや自己主張も強く、意外と見栄っ張り。好物は寿司。寿司っていったらマグロだよね！

★山梨は、甲府盆地を中心とした県中西部の「国中」と、大月や都留、富士五湖周辺の「郡内」に分かれる。土地的に前者は静岡・長野と、後者は東京・神奈川と行き来が密なせいか、方言も文化も違う「よその県」のような感覚だとか

「出る杭を嫌う」から「志の高い出る杭」へと脱却なるか⁉

身内意識が強く、「出る杭を嫌う」といわれる山梨県民ですが、そもそも出る杭が打たれがちなのは山梨県民の専売特許ではなく、むしろ日本人全体に見られる傾向です。そのマイナス面を憂慮《ゆうりよ》し、「未来のためには〝出る杭〟を伸ばし、育てなければならない」との思いから、山梨県では次世代のリーダーを育成する「夢甲斐塾」が県の事業としてスタートしました。古《いにしえ》より続く保守的な状況は一朝一夕に変わるようなものではありませんが、平地が少なく厳しい自然環境の下、したたかに生き抜き、多くの財界人を輩出している山梨県。持ち前の粘り強さを発揮し、未来の日本のリーダーが山梨から誕生するのも〝夢〟ではなくなるかもしれません。

富士山をめぐる静岡との「ご当地バトル」

ところで、富士山をめぐっては、お隣の静岡県との間で、どちらの県側から見るのが美しいかを張り合ったり、果ては「富士山はウチのもの」と取り合う「ご当地バトル」がよく知られています。

ＮＨＫの大河ドラマ『武田信玄』でも、戦国大名同士がこのバトルを繰り広げるシーンがありました。信玄が、駿河《するが》（静岡県）の大名・今川義元と、富士山はどちらが表側かという話になったときのこと。静岡側を平然と「表側」と言う義元に対して信玄は、静岡側の富士山は「尻丸出しで霊験《れいげん》がない」と言い放ち、山梨県民は大いに溜飲《りゅういん》を下げました。この〝名台詞〟は今も県民の語り草になっているとか。

２０１３年に富士山が世界文化遺産に登録され、これを機にビジネスに活かそうという機運は山梨が静岡を一歩リードしている模様。さすがは「通った後にはぺんぺん草も生えない」と他県から揶揄されたほど商魂たくましい甲州商人がルーツの山梨県民です。静岡にとっては環境保全の面では力強い協力者でもありますが、ビジネス面では手強いライバルとして、あらたなバトルが勃発《ぼっぱつ》するかも？

「無尽」が育む地元愛

「山梨では〝武田信玄〟と呼び捨てにするのは厳禁」といわれるほど、今もなお県民から「武田信玄公」「信玄さん」などと呼ばれ、崇拝されています。このことからもわかるように、地元に対する意識や愛情がとても強いのが山梨県民なのです。

そして、この結びつきの強さを示しているのが「無尽」。特定のメンバーの間で一定の掛け金を出し合い、いざというときにこの積立から融資する助け合いシステムで、この「無尽」が山梨県民の「出る杭を嫌う」気質に影響を与えているともいわれています。山梨県では今も「ゴルフ無尽」「旅行無尽」などサークル活動のような形で根付いており、「無尽会承ります」と掲げた居酒屋を町の至るところで見かけます。

警戒心が強いため時間はかかるかもしれませんが、じっくり誠実に向き合って相手の信頼を得られれば、義理人情に厚い山梨県民のこと、濃い関係が築けそうです。

山梨 おもしろ DATA

方言

- 「ちょ」「ちょし」が否定を意味する〈例:「しちょ(するな)」「来ちょし(来ないで)」「言っちょし(言わないで)」〉

「持ちに行く(取りに行く)」
「ちょびちょびする(いい気になる)」
「ジャッシー(ジャージ)」
「わるかったじゃんね(すみませんね)」

風習

- 赤ん坊の疳《かん》の虫を鎮める「虫加持祈祷」が彼岸に行われる
- 友引に葬儀を避ける習慣がない

食生活

- ぶどうは房の下のほうから食べる
- 硬い桃を食べる
- そば屋で鳥もつ煮を食べる
- タニシを味噌汁に入れて食べる

ソウルフード

ソースかつ丼、吉田のうどん、茹で落花生、ほうとう

○相性良/東京、神奈川、愛知
×相性悪/高知、福岡、沖縄

他県民には驚きの山梨の珍常識!?

- 信玄公祭り、信玄餅、信玄桃、信玄堤と、武田信玄だらけ
- 背景に山がないと不安になる
- 山梨市は県庁所在地ではない
- 交差点では右折優先。対向車線が追い越し車線になることも
- 人口あたりのすし店が全国最多

長野県

生真面目で議論好き。地域で対立するも「信濃の国」で団結する"信州合衆国"

信夫くんPROFILE

理屈っぽくて議論好きなのはもはや天然の域。悪気があるわけではなく、相互理解のために議論は必要だと考えている。生真面目で冗談は通じにくい。信濃毎日新聞を愛読

1コマ目
潟代くん そのスカート丈はいただけないな
え? そう、そうかろか?
スカートの短さで新潟県は全国1位

2コマ目
そもそもだ 雪国においてそこまで足をさらす意図はどこにある?
血流も悪くなるし もう害悪でしかないと結論づけるしかないのではないか?
冷えは女性の大敵だろう?
(ん、見せたいそいうか けいかくとも ないかもね?)

3コマ目
だって可愛いねっかねっ!
可愛い?
ではきみは何を基準に可愛いととらえているのか聞かせてくれないか?
理屈でや!

4コマ目
どうした? 説明できない程度のあやふやな基準なら健康を害してまで可愛さを追求するのは非合理ではないか?
も……もうそのくらいでね……
長野県人の議論好きにはご用心

★南北に長い長野県では、県北部にいくほど理屈っぽく、南へ下るほどキツさは和らぐといわれている。不真面目でルーズな人間は嫌われるので、誠意を持った細やかな対応を心がけよう

「おらが村」を愛する「信州」県民

面積は全国4位ながら2位の市町村数（77）を抱える長野県は、その半数近くが「村」。いわゆる「平成の大合併」に応じた自治体が少なかったからです。このローカル意識の強さのため、企業名やブランド名には県庁所在地と同じ名前の「長野」より「信州」が好まれることが多く、長野市、松本市などのライバル関係は他県民にはついていけないほど熾烈。市町単位で発行する地域密着型のローカル新聞が多く読まれているのも特徴で、飯田市ではローカル紙が2紙もあります。全国的にも珍しいこの現状を支えているのは、地元愛だけではなく、旺盛な読書欲と「議論好き」気質です。

長野県民にとって、「議論」は娯楽？　それとも生き甲斐？

長野県民の「議論好き」には、閉口させられる他県民も少なくないようです。侃々《かんかん》諤々《がくがく》意見をぶつけ合う様子に「やはりみなさん議論好きですね」と言おうものなら、「本当に長野県民は議論好きなのか」という議論が延々と繰り広げられるとか。議論ばかりで結論が出ないこともしばしばで、他県民から見ると、その議論好きっぷりは娯楽を通り越してもはや生き甲斐なのではないかと疑いたくなるほどです。

その一方で、長野県の学校では掃除の間はひと言も喋らないという「無言清掃」が実施されています。さすが長野県民、子どもといえど口を開けば議論が始まるから——ではなくて、掃除と同時に自問自答しながら心もきれいにするという趣旨だそう。どうやら議論好きの下地はこのような沈思黙考によって築かれるようです。

ちなみに県民によると「黙ってやるほうが早く終わり合理的だから」とのこと。議論好きも同様に、互いの意見をぶつけ合うほうが「合理的」という考えから生まれているという説もあるようです。長野県民と長い議論になったときは、これも合理的で民主的な手続きだと自分に言い聞かせつつ、より〝合理的〟な方法を提示して議論の収束を試みてみましょう（倍返しされても責任は持てませんが）。

議論好き県民は一体感も大好き？

地域間の対抗意識が強い一方で、ほとんどの長野県民は県歌「信濃の国」を歌うことができます。互いのライバル心が旺盛なため、かえって一体感を得られる県歌が愛されるということでしょうか。また、市町村データを網羅《もうら》した「県民手帳」は長野県が発行部数全国一で、コンビニでも手に入るほどよく売れています。県歌を覚え県民手帳を買えば、あなたも今日から長野県民！　ただし、県全体の話はともかく、個別の市についての話題は対抗心を刺激する危険性が高いので、十分注意が必要です。

ところで長野県民のサービス意識はあまり高くありません。長野県庁もさまざまなキャンペーンを行っていますが、成果は今ひとつ。時流に惑わされないマイペースな気質の裏返しともいわれています。つまりよく解釈すれば、肩肘張らず言いたいことはハッキリ言えばいいということ。長寿1位の秘訣はそのあたりにあるのかも。

長野 おもしろ DATA

方言

・同意を求めるときの語尾は「しない」〈例：「そうだしない？（そうだよね？）」〉
・誘うときの語尾が「ず」〈例：「やらず？（やらない？）」〉
「ずくだす（努力する）」
「ずくない（だらしない）」
「いただきました（ごちそうさま）」
「とびっくら（かけっこ）」

風習

・披露宴や忘年会、新年会などで万歳三唱。万歳三唱のお返しも
・冠婚葬祭等で過剰な出費を抑えるため、金額の目安を役場が提示
・田植えや稲刈りのための休みがある

食生活

・サバ缶を使う料理が多い
・馬肉をよく食べる。すき焼きにも
・「塩イカ」「煮イカ」といった保存用のイカを料理によく使う

ソウルフード

おやき、そば、ローメン、野沢菜、ホモソーセージ、ビタミンちくわ

○相性良／山梨、石川、徳島
×相性悪／秋田、宮城、山口

他県民には驚きの 長野の珍常識!?

・花壇に水をまく当番を「水くれ当番」という
・リンゴの果肉がスポンジ状に劣化することを「リンゴがぼける」という

岐阜県

土地と歴史が育んだ結束力の強さと慎重で用心深い閉鎖的な県民性

美濃田くん この企画はもう少し先方へ歩みよってもいいんじゃないか?
きっぱり
ダメやで!!
ここは慎重に囲わんといかんで!
簡単に相手を信用したらいわんわ!!
バンッ
なかなか心を開かない岐阜県人
ばってん相手は先代から付き合いのある企業ばい?
ガッ!
信用度としては申し分ないよ?
そういうところに限って寝首をかきに来るんやて!
わからんか!!
あーもーなしてそげん疑り深かとね!?
あのね? ときにビジネスというものは
……
輪中根性を持つ岐阜県人は攻略にも時間がかかりそうである

美濃田くん PROFILE

真面目で勤勉。仲間内には優しいが、それ以外には冷たいともっぱらの噂。用心深く、何を考えているかわかりづらいところも。それは過去いろいろあったからとは本人談

★他県民に対し疑い深い理由：(1)水害から村を守るために輪中という堤防を作って村人一致団結　(2)1カ所でも決壊すると致命的なため、自分の村を守るのに必死でほかを慮る余裕はない　(3)江戸時代に隣国尾張の水害防止を優先され、とばっちりを食う

「日本の中心」に根付いた「輪中根性《わじゅう》」

近くに大都市・名古屋がある岐阜県は、なにかと名古屋の影響が大きく、「岐阜は名古屋の植民地」と県民が自虐的に語るのがお約束にすらなっているほど。けれども岐阜県は、歴史上、東西をうかがう要衝《ようしょう》としてときの権力者が奪い合いを演じてきた地です。「岐阜」という見慣れない漢字の名前も、織田信長が天下統一の野心をこめ名付けたという説があり、「天下分け目の関ヶ原」も岐阜県。最近では「東京から東濃へ」と首都機能移転を訴える看板も県内のあちこちで目にします。

また岐阜県は、木曽川をはじめ大きな川が何本も密集しており、水害の備えとして村ごと堤防で囲う「輪中」が発達しました。政治的な要衝であったことに加え、堤防で囲われた閉鎖的な環境で暮らしてきた歴史を持つ岐阜県民は、用心深く疑り深い「輪中根性」があるといわれています。

実際に岐阜の男性は、遠慮気味で財布のヒモも固く、流行にも飛びつきません。慎重すぎて集団から浮いてしまうこともあります。ただし合理的な考えを尊ぶので、意見がぶつかったときはむしろ互いの理解を深めるチャンス！　貴重な反対意見として傾聴しつつ、理路整然と妥協点を見出すといいでしょう。

女性も遠慮気味ですが、気遣いに長《た》けたところがあるので、好かれやすい一面を持っています。もしかしたら閉鎖的な環境に嫌気が差しているかもしれないので、海など開放的な場所に誘ってみては?

ちなみに「東京から東濃へ」の看板は、県民には「恥ずかしい」と不評のようです。

盆地が育む強いコミュニティ

一方、世界遺産・白川郷で有名な北部の飛騨地方では、地元を「飛騨」と答える人が多いなど、岐阜市を中心とした南部の美濃地方とは県民の意識が異なります。

飛騨を代表するのが「結《ゆい》」という助け合いシステム。合掌《がっしょう》造りの茅葺《かやぶ》き屋根のふき替えも、地域住民が協力し合い、全部の家を2日間で終わらせてしまいます。山間《やまあい》の盆地という風土がこのような結束の強いコミュニティを育んだのでしょう。高山市は2005年、合併により大阪府よりも広い、日本で最も面積の大きな市となりましたが、誕生の背景には、このような人情豊かな気質も働いているといえそうです。

岐阜県民とは朝食かランチを

岐阜県民は外食が大好き。飲食店の数が多く、和食や中華など、しょっちゅう外に食べに出かけます。喫茶店のモーニングといえば名古屋が有名ですが、岐阜県も負けず劣らず盛ん。終日モーニングが食べられるというやや趣旨を見失った店も珍しくなく、地元情報誌にも積極的に特集が組まれます。

ただし真面目な県民性のせいか、外食してもお酒はあまり飲みません。岐阜県民とは、朝食やランチで親交を深めましょう。

岐阜 おもしろ DATA

方言

「くそだわけが（バカだねえ）」

「ちんちん（熱い）」

「やおね？（やっぱりそう思うよね？）」

「机をつる（机を運ぶ）」

「お金を壊す（お金を崩す）」

「電信棒（電柱）」

「まわしをする（準備をする）」

風習

・新しい靴をはく前に靴の裏を火であぶる
・結婚式の際、たくさんの菓子を袋詰めした「嫁菓子」を近所に配る
・宴会では「めでた」を唱和する。歌い終わるまでは席を立って酒を注ぎに行くことは厳禁

食生活

・漬物をフライパンで焼いて食べる
・おでんには味噌をつける

ソウルフード

ベトコンラーメン、下呂牛乳、甘甘棒、けいちゃん

○相性良／埼玉、山梨、愛媛
×相性悪／秋田、茨城、長崎

他県民には驚きの 岐阜の珍常識!?

・信号機が通常の倍近い大きさ
・模造紙は「B紙」と呼ぶ
・子育てができるよう、毎月8のつく日を「早く家庭に帰る日」と制定
・モーニングに茶碗蒸しがつく
・「明宝ハム」と「明方ハム」がある

静岡県

東西の文化を受け入れる大らかで開放的な気質

そんなん関西やったら――
そうだね
それだと関東では……
それもアリだねえ
さっきからいったい……静くんはどっちの味方なんだよ
えー？
ホンマやわ
やりづらいっちゃーねん
いいじゃん
お互いのよいところを受け入れていこうよ
西も東も
みんなちがってみんないい♪
東西を柔軟に受け入れる静岡県人
……このミスター平均値が
さて東西の間とって
富士宮焼きそばでも
かなんわ
とても得な性質かもしれない

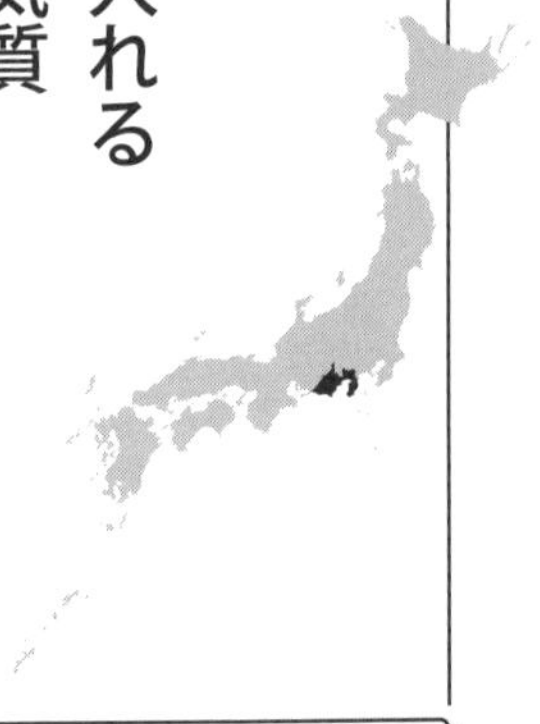

静くんPROFILE

温暖な気候のせいか、万年常春な性格で誰ともそれなりにうまく付き合える（本人談）。ラテン系日本人と揶揄されることも。サッカーと地震対策は生活の一部

★大らかでのんびり屋の静岡県民の中でも浜松など西部の遠州は、せっかちで金銭感覚に優れているといわれている。古くより愛知県東三河地方や長野県南信地方と交流が深かったこともあって、方言など共通している部分も多いようだ

東と西が交わる「平均的」な県民性

静岡県は、しばしば新製品のテスト販売が行われることで知られています。所得や消費が平均的だから、というのがその理由。この「平均的」の代表が、『ちびまるこちゃん』。家庭や学校の何気ない話に日本中の誰もが共感してしまうのも、静岡県の「平均的」によるところが大きいのでしょう。

とはいえ静岡県民も、伊豆（伊東市など）、駿河（静岡市など）、遠州（浜松市など）と、3地域で県民性が分かれます。一般に、東へ行くほど保守的で穏やか、西へ行くほど進取の気性があるといわれ、食うに困ったときは「伊豆餓死、駿河乞食、遠州泥棒」というブラックジョークのような言葉も伝わっています。実際、東側が政治家や学者を多く輩出しているのに対し、西側は、ホンダ、ヤマハ、田宮模型（現・タミヤ）など、名だたる製造業を生んできました。「平均的」というのは、おしなべて普通というよりは、東日本と西日本の気質が交わる地、と解釈するのが正しいようです。

いずれにせよ、温暖な気候と同じく、静岡県民はオープンでのんびりした人が多く、付き合う際にもこれといった難しさはなさそう。ただし、出身地の話題には気を遣ったほうがいいかも。特に、静岡市と浜松市のライバル意識は相当なものがあります。

県民性は「平均的」でも、食に関しては「個性的」

昨今注目のＢ級グルメブームの先鞭《せんべん》をつけたのが、Ｂ－１グランプリで初代チャンピオンに輝いた「富士宮やきそば」です。このほか、宇都宮市と消費額１位を争っている浜松の餃子など、庶民のグルメが何かと注目される静岡県は、日本のパン発祥の地でもあります。焼きそば、餃子、パンとくれば静岡県は小麦粉文化圏かと思いきや、実は米の消費量が全国１位。小麦粉の消費はさほど多くありません。

そして静岡といえばお茶。県内の小学校の給食では、ヤカンに入ったお茶が出されます。さすが生産、消費とも１位のお茶の国！　ちなみにコーヒー消費量は全国最下位、紅茶34位と、お茶の優位性は圧倒的。また、イルカの切り身がフッーにスーパーで売られている地域もあり、昔は「女房の腰巻きを質に入れても食べる」といわれていたとか。食に関しては静岡県民は「個性的」のようです。そんな個性的な食生活に愛着があるのか、進学などで上京しても卒業後は地元へ帰る人が多いのも特徴的です。

協調性が生むサッカー王国

静岡といえばサッカー王国。三浦知良《かずよし》から長谷部誠まで、日本代表のそうそうたる顔ぶれが揃い、人口あたりのJリーガー数も最多です。「平均的で穏やか」という県民性とはあまり結びつかない気もしますが、組織の連携がモノをいう競技ですから、穏やかで協調性が高い気質はサッカー向きとも考えられます。

ですが、ワールドカップなどでさらに上位を狙うには「個の力が必要」という意見もあります。日常の人付き合いにおいても、静岡県民にはこちらから「個の意見」をどんどんぶつけていくことで、よりよい結果が生まれるかもしれません。

静岡 おもしろDATA

方言

「ばか（とても）」「おまち（繁華街）」

「そうだら？（そうでしょ？）」

「ちゃっと（すぐ）」

「かじる（かきむしる）」

「鍵をかう（鍵をかける）」

「たこる（さぼる）」

「ちみくる（つねる）」

風習

・浜松市の小学校の運動会では、互いの守る城に玉をぶつけ合う「城落とし」が定番の競技
・年末に鶏肉、玉子、酒を断つ地域がある

食生活

・おでんは駄菓子屋で食べる
・餃子の付け合わせにモヤシ
・藤枝市では朝にラーメンを食べる

ソウルフード

黒はんぺん、のっぽパン、
「さわやか」のげんこつハンバーグ、
三ヶ日みかんハイボール、
もつカレー、ようかんぱん、さくら棒

○相性良／埼玉、滋賀、奈良
×相性悪／富山、徳島、大分

他県民には驚きの 静岡の珍常識!?

・「静岡」の発音は「しぞーか」
・道案内を東西南北でする人が多い
・学校で抜き打ちの避難訓練があり、タイムを計測。防災頭巾は座布団代わり
・お茶の実で遊ぶ

愛知県
ケではとことん倹約し、ハレでは豪快に使う徹底した合理主義

はじめまして お母《が》さん あのっこれ つまらないものですが!
あんた なにぃ?
まあ~これ 有名店のお菓子? でら嬉しいでかんわ ありがと♪
こんな大きい箱 高かったでしょ♡
ほれみぃ 愛知県人への「値段・量・ブランド」だって言った通りだがね
てきめんだわ♪
名子も そんなところ あるもんな
ま そういや そうだな
やだ ほんなこと言わんといてちょ
ばしっ
うふふ
お母さんと いっしょくたに しんで!?
ははは
は……!?
し、しん… もしかして 腹悪りぃ※ なってる…?
?
ぴしっ
「しんで」は「しないで」の意味なので誤解なきように

※「ムカついてる」

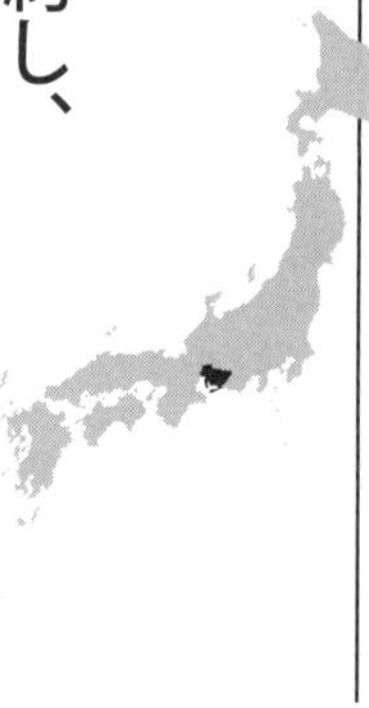

名子さんPROFILE

無駄な出費はいたしません。けど、使う価値があるものには出費を惜しみません。結婚式は質素にする予定。ストレートな性格で意外と社交辞令は通じない。喫茶店大好き!

★真偽のほどは定かではないが、名古屋では贈り物の格をデパートの包装紙で判断することがあり、某老舗《しにせ》デパートのものが最も格が高いという噂も。贈り物のチョイスに迷ったときには参考になるかも？

かさばることはいいことだ

愛知県民、とりわけ名古屋人の結婚式は「派手」で有名ですが、最も顕著《けんちょ》なのが嫁入り道具と引き出物です。どちらも重くてかさばるものをドーンと用意するのが彼らにとってのハレの日の祝い方。参列者の荷物を増やすのは悪いというような発想は希薄で、とにかく見栄えのよさと質量に価値を置きます。

なので日常的にも、重さとブランド名で見栄を張るのが県民スタイル。初対面の際は、有名店のかさばるお土産で挨拶するのが正しい礼儀のあり方というものです。「あまり知られていない美味しいお菓子で特別感を」といった小粋《こいき》な心遣いはあだになるだけの危険性があるので、ヘタに趣向を凝らすのは避けましょう。

節約志向で天下を獲《と》る？

その豪華主義を支えているのが日々のたゆまざる節約志向です。ドラマなどでお金にうるさい人物は、大阪弁を話すのがステレオタイプとなっていますが、愛知県民も負けてはいません。大阪人は高そうなものを安く買うことにゲーム的な楽しみを見出しますが、愛知県民の場合は無駄な支出を嫌い、価値ある使い方をしたいという合理主義が根底にあります。このため気に入った物には惜しみなくお金を使います。

この現実主義が結実したのが、古くは徳川家康であり、現代ではトヨタ自動車といえるでしょう。愛知県民をただのケチと考えてしまうのは損！　天下獲りに通じる気質をじっくり観察しながら吸収したいものです。

慎重な気質には、地縁・血縁・信用で

名古屋の経済は、地縁・血縁で固められた独特の気風があるため、いかに大手企業でも足場を築きにくいことで知られています。同様に、愛知県民は人付き合いに慎重です。ノリが合えば初対面でも旧知の仲のようになる、ということはありません。

その上、どこか排他的なところがあり、お国自慢をする場合、ただの自慢に終わらず、例えば「八丁味噌が一番。それ以外は認めない」というような排他的なひと言をしばしば添えます。反論を試みても、（本人にとっては）理路整然と否定してくることもあり、そのある意味見事な論法にはむしろ感心させられます。

それでいて、共通の知人がいると、県民の心の扉は一気に開かれます。中には「親戚が昔、愛知県に住んでいた」という割とあやふやな話でも威力を発揮する場合があ

ります。愛知県民と付き合うには、まず自分の地縁・血縁を思いきり広げて活用しましょう。知り合いがいない場合は、信用がモノをいうので、地道に信頼関係を築くことが重要です。かさばるお土産も効果的かもしれません。

また、信長、秀吉、家康、あるいはトヨタもイチローも、外へ出たからこそ飛躍したという側面があります。クセのある愛知県民とは、旅行や出張に一緒に行く機会を見つけてみてはいかがでしょうか。外部の刺激が性格を丸くしてくれそうです。

愛知 おもしろ DATA

方言

「えりゃー・どえりゃー・どえらげにゃー（とても）」
「ちんちこちん（すごく熱い）」
「放課（休み時間）」
「車校（自動車学校）」
「鍵をかう（鍵をかける）」

風習

・高校受験は公立私立とも複数回受験できる
・新築の家に人を招く際、トイレで茶を振る舞う「便所開き」が行われる

食生活

・「つけてみそかけてみそ」が欠かせない
・おでんは味噌煮込み、そのくせ雑煮はすまし

ソウルフード

「スガキヤ」のラーメン、しるこサンド、おぼろみそめん、北京飯、あんかけスパゲッティ、手羽先

○相性良／秋田、石川、京都
×相性悪／千葉、岡山、熊本

他県民には驚きの 愛知の珍常識!?

・名古屋駅は「メイエキ」
・名古屋大学は「メイダイ」
・レンタカー店にカラオケ店を併設している
・開店祝いの花輪を見つけたら花を抜き取って持ち帰る習慣がある

三重県

曲がったことは大嫌い、正直は美徳！
“お伊勢さん”が育んだ高い倫理観

コラーッ！
弟
いじめんなー!!
やべえ
姉ちゃんが
出たぞー！
わーっ
もう
なんでこう
三重の男は
気弱なん？
男のくせに
そんなことで
泣くなさ
あう
あう
男子に対して三重県女子は
性格がキツい──が
変われへんなぁ
志摩子ちゃん
浪花くん
あははは
「攻撃は
最大の防御」というように
そんなきみが
ずっと忘れられへん
かってん!!
え!?
あ……
単に
情熱的なアプローチにめっぽう
弱いツンデレなだけだった

志摩子さん PROFILE

気が強いが大らかで積極的。内気で大人しくはっきりしない三重男にハッパをかけることも。一見堅そうに見えるが意外とロマンチスト。そしてグルメ。愛車はホンダ

★結婚したら家庭を大切にするマイホームパパになるといわれている三重男子だが、2006年の社会生活基本調査によると、男性育児参加率は全国最下位の14.1%。数字だけで測れるものではないが、トップの徳島県の3分の1というのは気になるところ

伊勢神宮のお膝元では正直に

名古屋名物として有名な天むすは、実は三重県の発祥です。すっかり「名古屋メシ」として定着したことに県民はさみしさを覚えつつも、ことさら「三重のもの」と訴えることはしません。天むすが愛されればそれでいい、と大人な態度を見せます。

かつての伊勢商人は、正直をモットーとしていました。「お伊勢さんのお膝元で、悪いことはできやんやん」というのが理由ですが、全国から伊勢神宮の参拝客が集まってくるため、ズルをしなくても儲かったのでしょう。このせいか、三重県民は曲がったことが嫌いで、ガツガツした上昇志向は希薄です。

天むすへの大人な態度も、この気質が背景にあるようです。男性は穏やかで安定志向。職場では伊賀忍者のように巧妙に姿を消して目立つことは避け、家庭やプライベートを大切にする人が多いようです。

一方、女性はエネルギッシュ。NHKドラマのヒットで注目された海女《あま》は、実は東北ではなく三重県が全国最多。大きな伊勢エビを手際よく捕まえてしまうようなたくましさがありますが、根が正直なだけに、ストレートなアプローチには弱いところがあるようです。三重の女性が日本一理想のプロポーションをしているという下着メーカーの調査結果もありますから、中身もひときわ女性的なのかもしれません。

うどんは柔らかくお酒は控え目

女性の腰は見事でも、県民の愛する伊勢うどんにはコシがありません。特徴的な超太麺は柔らかく、コシの強い讃岐うどんが全国を席巻《せっけん》したせいで「ぶよぶよだ」と否定されてしまうことも。見かけのインパクトの割には主張の弱いこのうどんですが、食べ続けると意外とクセになります。一見真面目で面白味にかける三重県民も、じっくり付き合うと、伊勢うどんのような魅力に気づくかもしれません。

また魚介と牛肉に恵まれた三重県ですが、あまりお酒は飲みません。それどころかDNAを調べた結果、最もお酒に弱い県民だとする調査もあります。炭酸飲料もあまり飲まず、穏やかな県民だけに刺激物はあまり好まないということでしょうか。三重県民とは肝臓に優しい付き合いができますが、食べすぎには気をつけましょう。

三重県は何地方?

県民の悩みは、東海地方からは近畿地方とみなされ、近畿からは東海とみなされ、結果どちらの仲間にも入れてもらえないこと。テレビ放送は名古屋の民放各社のエリアに含まれるため、東海文化圏なのかと思いきや、県民の意識は近畿圏。言葉も、関西人以外には関西弁に聞こえる方言を話しますし、伝聞の話を人に披露した後、「〜らしいわ。知らんけど」と最後に責任回避的なひと言を添えるのも関西風です。

ことさらに関西人をアピールしたり、東海を否定したりすることはありませんが、三重県民とは関西人として接すると仲よくなるのが早いかもしれません。

三重 おもしろDATA

方言

「〜やんやん（〜ないじゃない）」
「米をかす（米をとぐ）」
「道がつんどる（渋滞している）」

風習

- 節分に中におもちゃの入った「福引せんべい」を買う
- 津市では、仕事納めの日にウナギを食べる
- 葬儀でコショウを入れたすまし汁「涙汁」を飲む

食生活

- あられを味噌汁に入れる
- 天ぷらを味噌汁につけて食べる
- 煮魚の残りにお茶をかけて食べる
- ところてんにはめんつゆをかけて食べる

ソウルフード

味ご飯、「赤福」の朔日餅《ついたちもち》、
へんば餅、きんこ、
カレー焼き、とんてき

○相性良／福井、長野、岐阜
×相性悪／北海道、山梨、高知

他県民には驚きの三重の珍常識!?

- 「あさって」の次は「ささって」、その翌日が「しあさって」
- 津は「つ」ではなく「つぅ」と発音する
- 三重から大阪に鮮魚を運ぶ行商人専用の列車がある
- 松阪市民は鶏をよく食べる

滋賀県

琵琶湖の外に出てこそ大成する？
ちゃっかりしっかり、働き者の〝近江《おうみ》商人〟

滋くん PROFILE

予習復習しっかりこなし、無駄遣いせず将来のために貯金する、見た目は子ども、頭脳と金銭感覚は大人、コナンじゃないが湖南はある。東京に出て、商社に就職するのが目標

滋 このおもちゃはどうや？
生涯ゲーム
いらん 流行り物はすぐ飽きるし
きっぱり
どうせ買うんやったら長く遊べるものがいい
お小遣いで買えて 丈夫で弟にも貸せて……
エエものを買うて長く使うんは基本やで
知らんの？〝損して得取れ〟って
キリッ
長い視点で物事を吟味する
真剣
……
倹約家な近江商人である

★人口増加率が全国6位の滋賀県。14歳までの年少人口の割合は沖縄に次いで2位と多く、「若い県」でもある。京都や大阪に近く通勤・通学に便利な上、土地の値段も安く、琵琶湖をはじめ自然も豊かで住みやすいのが魅力のようだ

よく働きよく貯める、でも恋愛には消極的

かつてこの地で活躍した近江商人は、倹約に努めてよく働くことを身上としました。同じように滋賀県民は、無駄遣いを嫌い、長く使えるものを好み、そうして貯めたお金は投資に回すような堅実さとしたたかさを持ち合わせています。酒の席では、関西弁の陽気なノリを見せるため、大阪人と大差ないように見えますが、終電までには「ほな、さいなら」とさっさと帰宅。帰る先は持ち家であることも多く、このため滋賀県民は「裏表がある」「ちゃっかりしている」と思われることもしばしばです。

このように、仕事にも倹約にも積極的な滋賀県民ですが、なぜか恋愛には消極的。男性は自分の気持ちをなかなか表に出さない人も多く、女性は男性よりは付き合いやすく見えても、ガードは固め。男女とも根はとても真面目で正直、そして倫理観が高い上に独占欲も強いので、軽くて浮気っぽい人を滋賀県民は嫌います。もちろん、大切な相手とのデートでも、浪費するのは信頼感を損なう原因に。滋賀県民と付き合うには、まずは時間をかけてじっくりと相手と向き合いましょう。そして誠実さとまめさを心がけ、デートはできるだけお金をかけずに楽しめるよう工夫することが、滋賀県民の信頼と愛を得る最短距離になりそうです。

琵琶湖が大きすぎて印象が薄い

滋賀県民は国内最大で最古の湖・琵琶湖を誇りに思っています。京都府民や大阪府民が「滋賀は関西ちゃう」と茶化すと、すかさず「琵琶湖の水止めたろか」と詰め寄るのが滋賀県民お約束の伝家の宝刀。琵琶湖は近畿地方の重要な水がめでもあります。しかし琵琶湖の存在が大きすぎるため、そのほかの印象が薄いのも事実。県民自身も、ゆるキャラ「ひこにゃん」以外、県の特色があまり思い浮かばないのが悩みです。

ちなみに「琵琶湖のアユは外に出て大きくなる」という言葉があります。県民は県外に出てこそ大成するという意味です。実際、滋賀県を離れた〝近江商人〟は伊藤忠、丸紅など数々の大企業を創始しました。堅実でしたたかな滋賀県民は将来大物になる可能性大！「琵琶湖しかない」とからかっていると痛い目に遭うかも？

図書館から見える滋賀県民の信条

滋賀県民は読書が大好き。倹約家精神はここでも遺憾《いかん》なく発揮され、図書館を大いに利用します。とはいえ、本に使うお金を節約するだけが滋賀県民ではありません。長浜市には100年以上の歴史を誇る、全国でも珍しい私立の図書館「江北《こほく》図書館」

があります。明治時代、青少年の勉学に役立てたいと弁護士の杉野文彌《ぶんや》氏が私財をなげうって設立したものです。

近江商人のモットーは「売り手よし、買い手よし、世間よし」。商売を社会貢献につなげるという、今時の企業が声を大にしていることをとっくの昔に実践していたというわけです。そんな滋賀県民のしたたかさに、つい「裏表がある」と言いたくなるかもしれませんが、困ったときには助けてくれそう。ぜひ味方につけておきましょう。

滋賀 おもしろDATA

方言

「きゃんす（来る）」
「ごんす（来る）」
「まつばる（絡む）」
「よぞい（鬱陶しい）」

風習

・1〜3月に五穀豊穣《ごこくほうじょう》を願う神事「オコナイ」が各地で行われる。地域によって形態はさまざま
・葬儀の出棺の際、縁側や窓から棺を出す

食生活

・家庭の鍋の数が多い
・昆布をよく使う
・そうめんに焼きサバを添える

ソウルフード

鮒ずし、ゴリ佃煮、アユ佃煮、じゅんじゅん、サラダパン

〇相性良／埼玉、静岡、三重
×相性悪／青森、福島、鹿児島

他県民には驚きの滋賀の珍常識!?

・ＢＢＣは英国放送協会ではなくびわ湖放送を指す
・琵琶湖の水質保全のために合成洗剤を避け、粉石けんを使う
・湖西線はすぐ強風で止まる
・音感の似た千葉県と間違われることはお約束
・ちゃんぽんといえば彦根市
・滋賀ナンバーを隣接府県民から「ゲジゲジナンバー」と呼ばれることにウンザリしている

京都府

〝千年の都〟に住む誇り高き都人 理解しづらいのもそのプライドゆえ？

京子さん PROFILE

日本の首都は今でも自分と確信している。プライドの高さも、その歴史と伝統の重みを思えば当然、と納得している他県多数。ある意味「高嶺の花」。東京に対してはひよっこ扱い

あらら
道間違《まちご》おてしもたわ
うちとこと違うて
なんや
わかり
づらいわ
んだな
町並みは
きれいだげんじょ
道は入り組んでて
わかりづれぇな
難解複雑で
まるで京子さん
みでぇだな
トゲ
トゲ
トゲ
まあ
うまいこと
言わはるわ
トゲ
や、京子さんの
そんなところも
好きだっぺ！
んだけんじょ
わかるように
なったら
オレきっともっと好きに
なるんでねぇべか？
！
なんや？
調子狂うわ
こっちのほう
みたいですよ！
本音を隠す京都人には
とにかく本音でぶつかれ!!

★京都市在住の非京都人は京都人を「親しみにくく、冷たくて暗い」と感じているが、京都人自身は「優しい」と思っているという調査結果が佛教大学総合研究所により発表された（1993年）。京都人の優しさは、京都人以外には通じてない!?

暑い寒いもプライドのうち。唯一無二の京都人

関西と全国でイメージのギャップが大きいのが京都です。日本の歴史の中心地として全国的には高い人気を集めていますが、関西での評判は「いけず（意地悪）」「イキっとる（偉ぶっている）」とサッパリ。何しろ京都人自身が「関西」と一括りにされることを嫌うプライドの高さ。その上、舞鶴市や福知山市など、京都市以外の府下の市町村は「京都」とは認めず、さらに市内でも、中心部と周辺を「洛中」「洛外」という雅な言葉で区別する徹底した気位の高さ、ないしは排他性には恐れ入るばかりです。

そのプライドの高さは、気温の話にまで及び、夏になれば「京都は暑いし」、冬になれば「京都は寒いし」と、ことあるごとに勝ち誇ったように語ります。逆であれば「ああ、自慢してるんだな」とすんなり腑《ふ》に落ちるのですが、過ごしにくい気候も京都人には特別さの表れのひとつということでしょうか。

外は古さを守りつつ、中は新し物好き

京都市内を歩いていると、有名な外食チェーンの看板の色やデザインが違うことに気づきます。厳しい景観条例のためですが、そこまで神経質な町の中心部に、大の大

人がゴロゴロ寝そべっている奇異なスポットがあります。それは日本初のマンガ博物館「京都国際マンガミュージアム」。4万冊の開架蔵書を屋外で寝そべって読めることの施設は、廃校になった学校の古い建物を再利用して作られています。

この、外側は古さを重んじながら、中は進取の気性に富むところもあるのが京都人の真骨頂《しんこっちょう》でしょう。iPS細胞の山中伸弥教授ら、幾人ものノーベル賞受賞者にゆかりのある京都大学は言うに及ばず、近年、女子のプロ野球リーグが発足したのも京都です。「プライドが高い」「裏表がある」ととっつきにくい印象ばかりが強い京都人と付き合うには、京都とそれ以外を比べることを避け、将来を見据えた話をぶつけることがポイントになりそうです。

日本人得意の〝察するチカラ〟をもってしても、理解が難しい京都人

「言わなくてもわかる」「それを言ったら野暮《やぼ》ってものよ」という言葉があるように、昔より〝察し合いの文化〟を築き上げてきた日本人。そんな日本人ですら理解し難いのが、独特の言い回しの文化を持つ京都人です。

京都の言葉はニュアンスによってがらりと意味が変わるといわれています。中でも

よく聞くのが「よろしいなあ」。同意の言葉に聞こえますが、実は相づち程度の意味しかないとか。「よろしいなあ。ほな考えときます」と言われたら、ほぼ断りの言葉。また、似たような言葉に「ええんとちがう」がありますが、これは「自分には関係ないけど」と相手に判断をゆだねるときと、本当に「いいと思っている」ときとあるようで、他県民にとっては大いに悩むところ。「野暮なお人」にならないためには、京都に10代住まないと難しいかも？

京都 おもしろDATA

方言

・「関西では敬語の「～はる」を人間以外にも広く使用〈例：「雨降ってはる」「ハエ死んではる」〉
「～し（～だ）」
「おはようお帰り（行ってらっしゃい）」
「遠慮の固まり（複数人でつついた大皿料理の最後の一切れ）」

風習

・春の観光行事「伝統産業の日」には着物着用で交通機関などが無料に
・地蔵を磨き、子どもに菓子を配る「地蔵盆」という風習がある

食生活

・大阪と違い、お好み焼きを白ご飯と一緒には食べない
・パンが好き

ソウルフード

「餃子の王将」の学生定食、衣笠丼、
「天下一品」のラーメン、
今宮神社のあぶり餅、エビイモ

○相性良／石川、愛知、大分
×相性悪／岩手、長野、岡山

他県民には驚きの 京都の珍常識!?

・北に行くことを「上がる」といい、南に行くことを「下がる」という
・クローバーがシンボルマークのヤサカタクシーは、4台だけマークが四葉
・立小便を防止するため、塀や建物の外壁などに鳥居を付けている
・鴨川の川べりにはカップルが等間隔で座る

大阪府

話を盛るのもボケツッコミも大阪人なりの計算された優しさから

つまみはこれでいいかな
これやから東京モンは
アカンてコッチのが割安やって
DRINK
浪川はどないやって?
行けたら行くって
あー
そういうときは来《け》ーへんで
お待っとぉさーん
遅いわもぉ干からびたで
ほな乾杯ーって頭や〜
ジョッキ持たな!
ちゃうねんこの前なー
嘘やろ
大阪人のバイタリティ……
疲れるーー

浪花くん PROFILE

元気で明るい。ケチじゃなくて合理的(本人談)。無駄が嫌いで車間距離はもちろん、会話の間とかちょっとでもあいているとすぐに詰めたくなる。沈黙? 何ソレ美味しいの?

★「笑いがとれてナンボ」の大阪人。緊急車両のサイレンすらネタのひとつで、「迎えに来たで」と言われたら「ほな、行ってくるわ」と返すのがお約束(らしい)。「バカ」「面白くない」「すべってる」は大阪人には禁句

大阪人のやり取りは〝高度な〟気遣いの表れ

「不躾《ぶしつけ》で遠慮がない」「オチのある話を強要する」大阪の印象といえば、好意的でないものが並びます。実際、大阪府民は笑いを尊び、不運なことに見舞われたときでさえ「笑いを取れてオイシイ」と考えます。「大丈夫?」などと真面目に心配しようものなら、「笑《わろ》てや」とガッカリされることもしばしば。また「自分、前髪切りすぎちゃう」などと遠慮のない指摘を平気でしてきます。

しかし大阪府民の会話によくよく付き合ってみると、一見アクの強い言い回しでも彼らなりの気遣いが溢れていることに気づきます。どうせ話すなら面白いほうが周りも喜ぶだろうと、本当はちょっと注意されただけの話を「めっちゃ怒られてん」と誇《こ》張《ちょう》する。遠慮して変な空気になるくらいならハッキリ言ったほうがよかろうと、「その服似合うてへんで」と遠慮なく言う。ひとりがつまらない話を続けるのはほかのみんなも疲れるだろうと、「長いねん!」と遮《さえぎ》る。そこに「怒られたは言いすぎやろ」「格好つけてはんねん」「話長いより声小さいねん」といった具合に、別の誰かがすかさずツッコミを重ねてくるのは、発言者の言葉を中和するという意味もあります。

このような高度な計算に基づくコミュニケーション術が、「大阪ノリ」の背景には潜んでいます。大阪府民のアクの強さにはしばらく目をつぶってみると、そのうち心地よい人間関係が築けるかもしれません。

アジアで最も住みやすい都市？

特徴的な世間の印象とは裏腹に、英誌の調査によると、大阪はアジア1位、世界で12位の「住みやすい都市」という高い評価を得ています（2011年）。もしかすると大阪府は、日本で一番誤解されている都道府県かもしれません。実際、赤信号で渡る人は少なくなっていますし、巨人ファンも珍しくないのが実態です。言葉や文化の違いにすかさずツッコミを入れる悪癖はありますが、在日韓国・朝鮮人や沖縄からの移住者が多く暮らしているという歴史もあり、ヨソモノに対しても意外と寛容《かんよう》です。

「ええ格好しい」は避けて正直に

大阪湾岸の埋立地「舞洲《まいしま》」には、ユニバーサル・スタジオ・ジャパンの施設かと見間違いそうな異彩を放つ建築物があります。オーストリアの世界的建築家フンデルトヴァッサーがデザインしたゴミ焼却場で、超高温でゴミを焼き尽くす優れモノです。

一説には「大阪人はどうせ分別を守らないから」という諦観《ていかん》のもと、高性能に設計したといわれています。ゴミを出すほうも処分するほうも、よくも悪くも「正直」という大阪気質を表したエピソードです。

大阪府民と付き合うには、無理に面白い話をして相手に合わせたり、ツッコミを恐れて体裁を取り繕《つくろ》おうとする「ええ格好しい」をしたりせずに、正直に自分らしく振る舞うのがコツのようです。

大阪 おもしろDATA

方言

「いちびる（調子にのる）」
「さぶいぼ（鳥肌）」
「めばちこ（ものもらい）」
「モータープール（月極駐車場）」
「フレッシュ（コーヒーミルク）」

風習

・節分には太巻きをその年の恵方を向いて無言で丸かじりする
・堺市には「堺っ子体操」がある

食生活

・一家に一台たこ焼き器
・豚まん（肉まん）に辛子をつける
・鍋物以外にもポン酢を重用する
・寿司に刷毛で醤油を塗る

ソウルフード

かすうどん、水ナス、イカ焼き、肉吸、紅ショウガの天ぷら、満月ポン、サンミー

○相性良／宮城、神奈川、福岡
×相性悪／岩手、長野、島根

他県民には驚きの大阪の珍常識!?

・トイレに行く際､「おしっこ行くわ」「うんこ行くわ」と大小の別を明確に宣言する
・町中で異臭に遭遇することが多く、その際必ず「くさっ」と言う
・エスカレーターは右側に立つ
・買い物は値切るのが当たり前。安く買えると周りに自慢する
・飴を持ち歩き周りに配る

兵庫県

5つの表情を持つ兵庫〝連邦〟共通項は「勤勉さ」？

おのおのの個性を活かした連邦戦隊ヒョーゴレンジャー！
豪気で陽気な播磨レッド!!
のんびり癒し系？♥淡路グリーン
素朴で勤勉丹波ブルー
粘り強いぞ但馬ブラック
そして
我らがリーダー神戸（またの名を摂津）ピンク
……あれっ？
おらん
神戸は？
困ったな神戸《かのじょ》がおらんと締まらへんぞ……
あっいた！
兵庫県内においても神戸の特別感は高い
全然おしゃれちゃうやん無理！
神戸ちゃーんっ
ダメプライドが許さへん
神戸も納得のセンス向上を目指して頑張れヒョーゴレンジャー！

ヒョーゴレンジャー PROFILE

リーダーの神戸ピンクのもと集った、個性豊かな集団。古くから海外との付き合いも多く、おしゃれでプライドの高い神戸の存在が強すぎ、兵庫自体の印象が薄いのが悩み

★兵庫県民の県民意識の薄さはデータにも表れている。NHKの全国県民意識調査（1996年）によると、自分は兵庫県民であるという意識を持っている人は全国45位の57.2%。ちなみに46位は埼玉県、最下位は千葉県

5つの地域から成《な》る、なんともバラバラな兵庫県

幕末の開港で西洋文化が流入した神戸市は、横浜市同様、異国情緒漂う町。このため神戸っ子は開放的で人当たりがよく、同じ関西弁を話しながらも大阪や京都に比べてアクが強くないため、すぐに仲よくなることができます。

しかし神戸っ子だけで県民性を語れないのが兵庫県。神戸市を含む摂津地域の中で、尼崎市や伊丹市、西宮市などの阪神地区は下町の色合いが濃く、気質は大阪と似ています。そもそも尼崎市や伊丹市は市外局番が大阪と同じで、伊丹市には大阪府豊中市・池田市ともまたがる大阪国際空港もあるなど、大阪府との境界はあいまいです。

神戸市の西側、姫路市や赤穂市などの播磨地域は豪快な人が多く、言葉も荒っぽいとされています。その南の淡路島はのんびりした人が多く、淡路出身者同士の地縁を重んじます。また中部の山間地・丹波、日本海側の但馬地域は、瀬戸内海沿岸に比べて気候が厳しく、勤勉で粘り強い人が目立ちます。

兵庫県民はこのように気質がバラバラなため、地元を問われて「兵庫県」と答える県民はほとんどいません。「明石」「三田」「豊岡」など、市町レベルで答えるのが常で、「兵庫県民」と一括りにされると、ピンとこない顔をします。兵庫県民と付き合う際

には、地理に詳しくなったほうが会話が円滑に進むでしょう。

おしゃれな神戸女子とは自然体で

関西の中で神戸市は「おしゃれ」というイメージで固まっており、大阪府民は「神戸の人？」と勘違いされると喜ぶほどです。実際、神戸っ子は流行に敏感で、新し物好き。特に女性はおしゃれな人が目立ちます。「神戸は特別」という意識もあり、「神戸愛」を語りたがる傾向がありますが、表立って「神戸人」を誇示してくるような高飛車な人はあまりいません。

ファッションも、大阪府民ほどブランドにこだわらず、派手な割にはお手頃価格の服であることもしばしばです。そのせいか神戸の女性は服装の割には（？）気さくです。遠慮なく自然に接しましょう。ただし、物言いがハッキリしている男勝りな女性が多いため、見た目とのギャップに混乱させられるかも。

県民性ならぬ線民性？

大阪から阪神地域を越えて神戸に至るまで、阪急、ＪＲ、阪神の３つの鉄道路線が並行して走っています。この地域の住民は、大阪方面や神戸方面に通勤・通学している人が多いため、「○○市」よりも「○○沿線」という分類で地元意識が形成されています。たまたま居合わせた人同士が、同じ市に住んでいたとしても、沿線が違うと同郷意識があまり盛り上がらないとか。

また阪急沿線はハイソ、JRは中間で、阪神沿線は下町とされています。これらの〝線民性〟を把握しておくと、県民との関係もより良好になるかもしれません。

兵庫 おもしろDATA

方言

「〜しとう（〜している）」
「わい（私）」「おまん（お前）」
「ちびる（すり減る）」

風習

・西宮神社の十日えびすでは巨大マグロに賽銭を貼り付ける
・淡路島は浄瑠璃の部活動が盛ん
・神戸市の小学校では上履きがなく土足が多い

食生活

・春にイカナゴの釘煮を大量に作って配り合う「イカナゴ外交」が行われる
・おでんは生姜醤油で食べる
・メロンパンは白あん入りで細長い。円いのは「サンライズ」と呼ぶ

ソウルフード

「とくれん」のゼリー、アップル、かつめし、玉子焼（明石焼）、ホルモン焼きうどん、アーモンドトースト、そばめし

○相性良／東京、神奈川、山梨
×相性悪／新潟、岐阜、佐賀

他県民には驚きの 兵庫の珍常識!?

・神戸市内の大半の小学生が地元企業製の「神戸ノート」を使用している
・「ファミリア」のカバンも小学生の必須アイテム。女子中高生にも人気
・宍粟市役所への郵便の宛名を間違えると正しい表記を促す返事が来る

奈良県

進む!?　大阪のベッドタウン化
おっとりマイペース、昭和の中流家庭的県民性

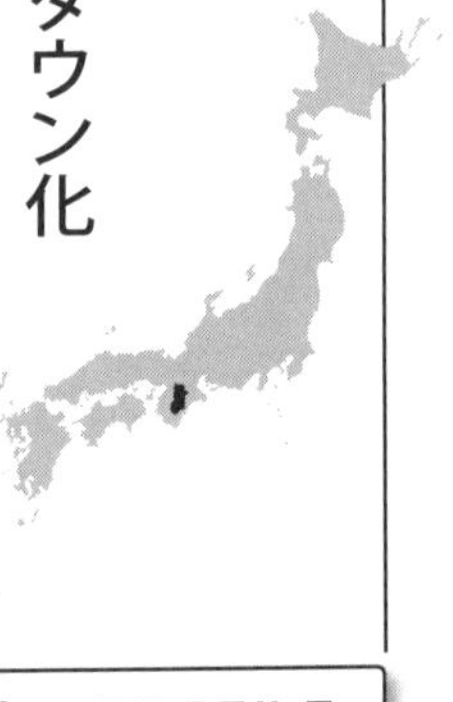

飛鳥くん！服、服!!
もしゃもしゃ
ああ〜〜
くしゃくしゃやねぇ〜〜
あはは…
もうボーッとしてるんだから
……けどまぁ
飛鳥くんののんびりしたところ？あんま悪くないかも
ね……!?
あぁあぁあぁ
奈良県男子との交際はゆっくりじっくり深めていこう

飛鳥くん PROFILE

「奈良のふたつ返事」の言葉通り、お返事はいいが行動がワンテンポ（以上）遅れがち。一見頼りなさげだが実は年収もよく、貯蓄も多い。スマホもネットも使いこなす

★都市伝説？　ジンクス？　のひとつとしてまことしやかにいわれているのが「初めてのデートで奈良公園に行くと別れる」。神の使いである鹿は、縁結びはしてくれない？

おっとりしつつもせっかちな、マイペース県民

日本最古の都が置かれたと伝えられる奈良県。掘り返すたびに遺跡的な何かが見つかって家も建てられないなどと噂されるほど、長い歴史を誇ります。

この悠久の歴史のせいか、奈良県民はおっとりとしています。関西弁をゆっくり話す人は、かなりの確率で奈良県出身。奈良公園の鹿も、広島の宮島の鹿に比べれば、まだのんびりしているとか。このため、奈良県民はいい返事をよこしてきても、行動に移すまでには時間がかかることもしばしばです。予定は事前にしっかり確認するほうがよいでしょう。

ところが奈良県民自身は、自分たちは「いらち（せっかち）」だと言います。もしかしたら、奈良には独自の時間が流れているのかも。確かに「どうせのんびりしてるだろう」と悠長に構えていると、予想外に早い対応を見せることもあり面食らわされます。奈良県民のマイペースさには、時間をかけて慣れるしかなさそうです。

型通りを尊ぶ、中の上流家庭

マイペースと言いつつ、奈良県民は見栄えや外聞を気にします。マスコットの「せ

んとくん」がお目見えしたとき、県民から反発が大きかった理由のひとつは斬新《ざんしん》すぎるデザインのせいですが、全国的に大ウケすると、いつの間にか県民の間でも人気者となりました。奈良県民にはたまに刺激を与えると面白い付き合いができそうです。

県民の「見栄っ張り」は家族像によく表れています。夫が働き、妻は専業主婦として熱心に子どもを教育する。外食よりも自宅での一家団らんを重んじる――こんな昭和の中流（中の上流）家庭のような「型通り」を整えることに県民は重きを置くようです。お盆や正月には、県外に住む家族も含め全員が顔を揃えますし、データによると3軒に1軒以上の割合でピアノを持っている模様。奈良県民は、一見型にとらわれないように見える人でも、保守的な一面があるので心にとめておきましょう。

帰宅して寝るだけの〝奈良府民〟

「奈良府民」とは、大阪府などで働く奈良県民を指す言葉ですが、県外に通勤・通学している人の割合は「千葉都民」や「埼玉都民」を凌《しの》ぐほど。買い物も大阪で済ませることが多く、奈良県内に用があるのは自宅だけ、という人も。よく「奈良の寝倒れ」といい、商店が早く閉まるので寝るしかないとか、建物にお金を使うとか、あるいは寝ていても観光客がお金を落としてくれる「大仏商法」を指すとか、意味には諸説ありますが、奈良では寝るだけというのがホントの意味かもしれません。
何だかドライなベッドタウンのイメージが湧きますが、家庭がしっかりしているからか、「奈良府民」も奈良県民同様、地元愛に溢れています。歴史遺産の豊富な奈良県ですが、県民にとっての最大の魅力は、家族を中心とした地元のコミュニティのようです。奈良県民からは、地に足をつけたライフスタイルを学べるのでは？

奈良 おもしろDATA

方言

「まわりをする（準備をする）」
「おとろしい（面倒だ）」
「いがむ（ゆがむ）」
「さら（新しい）」「とごる（沈殿する）」

風習

・奉公人が休暇を取る「薮入り」の制度が一部地域に残り、盆や正月に妻が実家に帰る
・鹿に怪我をさせられたときの保険がある

食生活

・雑煮の餅はきな粉をつけて食べる
・季節になれば柿は常備
・魚が食卓に並ぶことが少ない

ソウルフード

柿の葉寿司、彩華ラーメン、
天理スタミナラーメン、
三輪素麺、わらび餅、胡麻豆腐

○相性良／埼玉、静岡、宮崎
×相性悪／茨城、群馬、岡山

他県民には驚きの 奈良の珍常識!?

・海を見ると必ず「あ、海」と言う
・鹿の糞に抵抗があまりない
・その辺の森はだいたい古墳
・近鉄電車は何があっても運行する。JRが運休していても、近鉄は定刻通りが当たり前
・県南部の山村地帯を縦断する日本一長い路線バスがある
・待ち合わせは行基像前

和歌山県

自虐ソングも笑い飛ばす大らかさの反面 恋愛では情熱的で一途

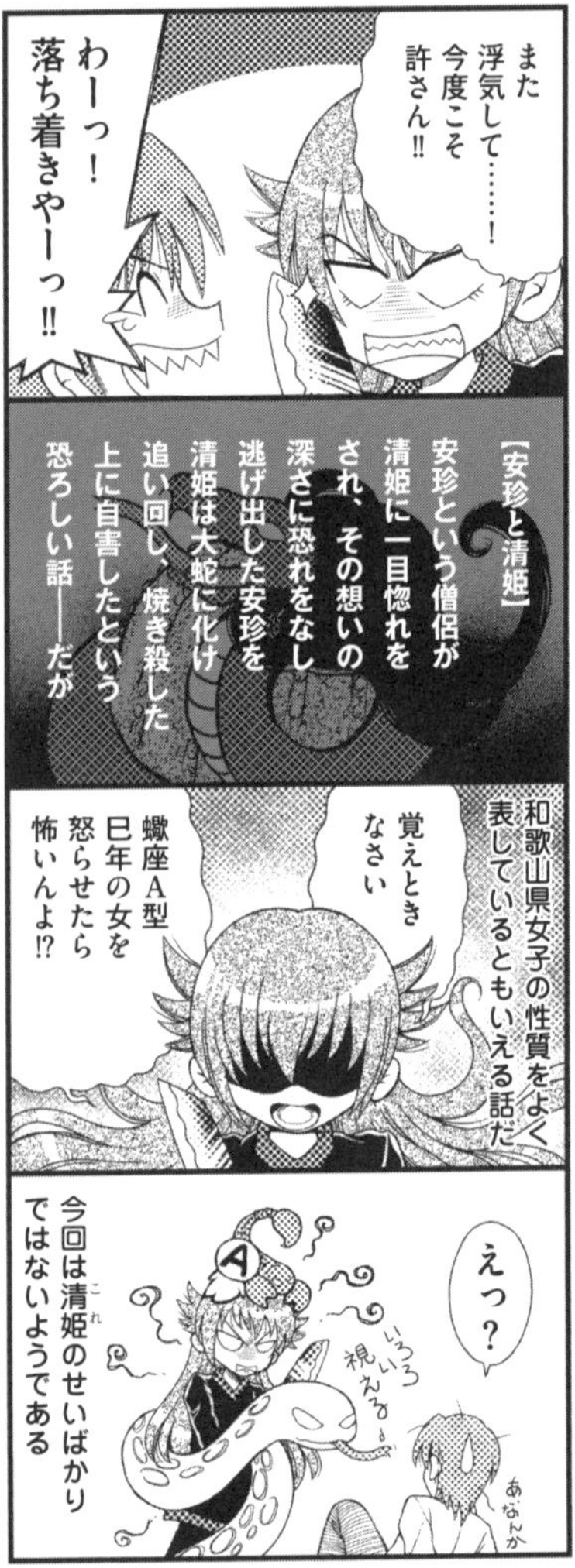

また浮気して……！今度こそ許さん!!
わーっ！落ち着きやーっ!!
【安珍と清姫】
安珍という僧侶が清姫に一目惚れをされ、その想いの深さに恐れをなし逃げ出した安珍を清姫は大蛇に化け追い回し、焼き殺した上に自害したという恐ろしい話――だが
和歌山県女子の性質をよく表しているともいえる話だ
覚えときなさい
蠍座A型巳年の女を怒らせたら怖いんよ!?
えっ？
今回は清姫《これ》のせいばかりではないようである

和歌子さん PROFILE

常日頃は明るくしっかり者。が、こと恋愛が絡むと、蠍《さそり》座Ａ型巳《み》年生まれの血が騒ぐのか、ダメ男でも一度好きになるととことん一途に。情に厚いのは和歌山県人らしい？

★恋愛に関して一途なのは、どうやら男性も同じようだ。情熱的で、好きになったら自分からアプローチする人が多いのか、結婚は男女とも平均よりも早い。2011年の統計では、初婚年齢は男性29.9歳（全国平均30.7歳）・女性28.4歳（同29.0歳）

恋愛で、その場しのぎはご法度《はっと》

歌舞伎で知られる「安珍清姫伝説」の舞台は和歌山県の道成寺《どうじょうじ》。一途に安珍に恋い焦がれた清姫は、困り果てた安珍がついた嘘を信じて待ち続け、裏切られたと知るや大蛇に化けて安珍の命を奪い、自分も川に身を投げるという壮絶すぎる物語です。

和歌山県の女性は喜怒哀楽がハッキリしていて、つい衝動買いをしてしまうなど、理性より感情が先に立つことが多いようです。こと恋愛については、清姫のように一途で情熱的。ヘタに怒らせてしまうと、衝動的に大胆な行動に出るかもしれません。特に「嘘は許せない」と考える人の割合が非常に高いため、安珍のようにその場しのぎでごまかすのはご法度です。

キンキのおまけと笑い飛ばす〝自虐地観〟

和歌山県の仁坂吉伸知事は、「もう近畿のオマケとは言わせないぞ」というメッセージを県庁のホームページに寄せたことがあります。誰がそんな失礼なことを言ったかといえば、県民自身。80年代にヒットしたご当地ソング『キンキのおまけ』は今でも県民の間で語り草となっています。歌詞の内容はというと、ミカンはあるが愛媛には及ばず、海はきれいだが沖縄のほうが上、夜の街は賑《にぎ》やかだけど10時で消灯するし、奈良や滋賀とは張り合っていても、琵琶湖や大仏のような全国的な観光資源がない、といった具合にひたすら和歌山県の決め手のなさを笑い飛ばしています。

こんな〝自虐地観〟な歌を、怒るどころか大いに歓迎したというのですから、和歌山県民は実に大らかです。紀州弁には敬語がなく、初対面の人でも友達のように話しかけてくるため、面食らう人も多いのですが、これもまた、上下の区別なく人と接する大らかさやフランクさの表れ。逆に愛想やお世辞は、これまた「嘘」と悪く取られがちです。和歌山県民とは、肩肘の張らない正直な付き合いができそうです。

ちなみに、和歌山市などの紀北地方の県民はおっとりしていますが、マグロや捕鯨で有名な南紀地方は海の民らしく、豪快で陽気。時間に遅れる人も目立つので、待ち合わせ時間は早めに設定しておくといいでしょう。

県民の食に潜む合理性

イメージ通り、ミカンが身近な和歌山県民は、食べるときにまず皮ごと身を割ってしまいます。このほうが筋がきれいに取れて食べやすいというのが理由。のんびり大らかな和歌山県民ですが、合理性は重んじます。無駄な労力を省き、無駄遣いもあまりしません。さすが倹約を奨励した将軍・徳川吉宗のお膝元です。

また県民が愛する和歌山ラーメンの店では、自己申告で会計をします。これも人のよさと合理性が同居した県民気質を表すシステムといえます。一見ただのお人好《よ》しに見える県民でも、侮《あなど》ると痛い目に遭いそうです。ちなみに県民はラーメンを「中華そば」と呼びます。中華そばとミカンの皮むきで親交を深めましょう。

和歌山

おもしろ DATA

方言

・ざ行が総じてだ行になる〈例：「カツデツ（滑舌）」〉
・強調するときは助詞「は」を2回重ねて言う（例:「今日はは頑張る」）
「どてらい（とても）」
「〜しか（〜のほうが）」
「カースク（自動車教習所）」

風習

・一輪のアジサイを半紙と水引で包んでトイレに逆さまにしてつるす無病息災のおまじないがある
・通夜に僧侶が来ず、老人会の人などが読経することが多い

食生活

・中華そばのサイドメニューは、ゆで玉子と早寿司。餃子や炒飯などは置いていない

ソウルフード

グリーンソフト、大陽ソース、パリッ子120、茶粥

○相性良／福島、岡山、熊本
×相性悪／茨城、群馬、広島

他県民には驚きの 和歌山の珍常識!?

・若い人は、ざ行が言える
・パンダといえば上野ではなくアドベンチャーワールド
・「中華食おう」は中華そばを食べることを指す
・北山村は飛び地で周囲を奈良県と三重県に囲まれている

中国

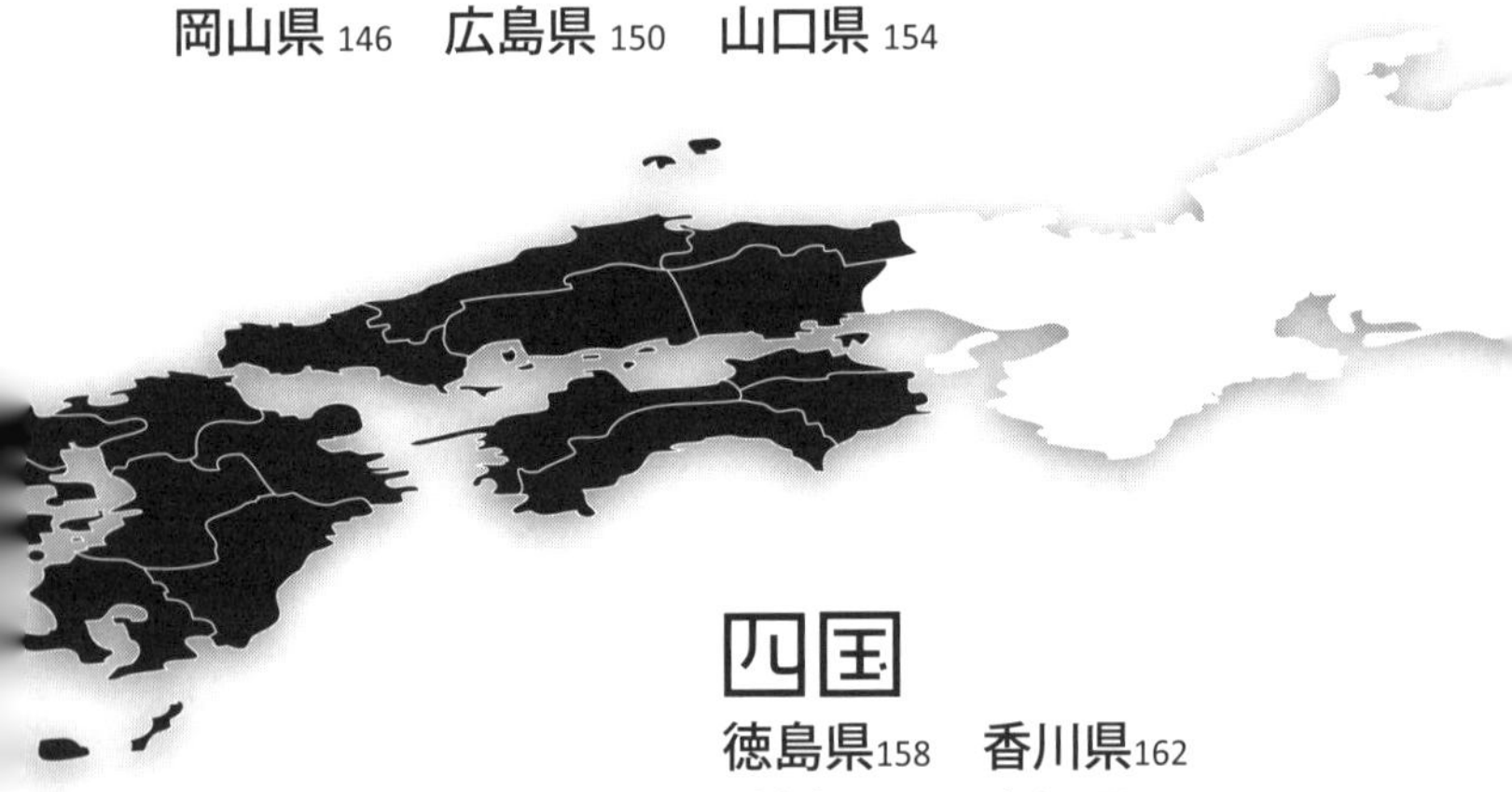

四国

PART3
中国
四国
九州・沖縄

九州・沖縄

鳥取県

一歩引いた慎ましやかな優しさは競争社会の中のオアシスに

TDFK47
かるた
秋の田の～
はい！
あ……っ
……
ごっ ごめん……
んーん ウチ こそ……
カァ～
もじ もじ
照れ屋でナイーブな鳥取県人
そして、その人見知り気質は
みんなー！ 楽しんでる かーい⁉
イエーイ！
パーティ会場の壁に花を咲かせることになる
……
もじ もじ
アプローチは気長に行おう

鳥生くん＆小鳥さん PROFILE

どちらも真面目で努力家。日本一の観光砂丘を持ちながら、ちょっと社交ベタというか引っ込み思案が災いし、実はどこにあるかわからない都道府県ランキング５位

★鳥取市のある東部と、米子市のある西部ではまったく別の県、というのは鳥取県民の弁。控え目で保守的な東部に対し、古くから大阪との商取引があった西部は東部に比べて開放的で親しみやすい。西部の男性は若干気の変わりやすいところも

おもてなしはトイレから

歴史的町並みが残る鳥取県倉吉市は、公衆トイレがきれいなことでも知られていま す。町おこしの一環で、建物を周りの景観に合わせたデザインにしたり、トイレめぐりマップなるものまで用意したりと、なかなか手が込んでいますが、根底には「町づくりは快適なトイレから」という考えがあります。なんとも慎ましやかで優しい心遣い。控え目で優しいという県民気質そのままといえます。

鳥取県民は鍋を囲んでも、我さきにと箸をつける人はいません。よくも悪くもお人好し。鳥取市を中心とする因幡《いなば》地方では、引っ込み思案で口数の少ない人も目立ちます。米子市や『ゲゲゲの鬼太郎』で有名な境港市がある伯耆《ほうき》地方は、古くから商売が盛んだったせいか陽気な人が多いようですが、素朴で人のよい点は同じです。

島根県とはごっちゃにされても争わず

鳥取県民の悩みのひとつは、お隣の島根県とよく混同されることです。「ああ、出雲《いずも》大社の……」などと言われることはザラ。ただし島根県民も、「砂丘には行ってみたいですねえ」という具合に鳥取と間違われることに頭を痛めているため、お互いライバル心はありません。むしろ、この両県民同士が出会うと、お互いの名所や名物を褒め合って〝上位〟を譲り合うという優しさを見せることも。

島根県では、この現状を逆手に取って「島根は鳥取の左側です！」というTシャツや、「日本で47番目に有名な県」と書いたカレンダーを売り出しました。へりくだりつつもちゃっかりインパクトのあるPRをするしたたかさを感じますが、対する鳥取県民はというと、「鳥取は島根の右側です！」というTシャツを発売するにとどまっています。どうも鳥取県民は、要領よく立ち回るのは苦手なようす。しかしこれも、島根県に歩調を合わせるという優しさの表れなのかもしれません。

鳥取県民が口下手だったり要領が悪いように見えたりしても、単に照れ屋なだけです。そこには人のよさと誠実さがありますから、じっくり時間をかけて付き合いましょう。それにはまず、鳥取県の正確な地理から覚えたいものです。

競争社会では〝少数派〟の競わない県民

もうひとつの悩みにして県民最大の課題は、人口の少なさ。60万人弱という人口は都道府県中最少で、さらに年々減る傾向にあります。ちなみに市町村と比べると、鹿児島市や東京都八王子市と同じくらい。「県庁のある鳥取駅のひとつ隣の駅なのに無人駅」「市が4つしかない」などと、県民は人の少なさを自嘲《じちょう》しますが、ギャグというよりはあきらめに近い雰囲気も漂います。

鳥取県民が仲間を大切にし、人を出し抜くという発想が希薄なのも、この人口の少なさゆえかもしれません。競争で優位に立つことが尊ばれる昨今ですが、鳥取県民と付き合うことで、忘れてしまった何かを取り戻すことができるかも。

鳥取 おもしろDATA

方言

「いかさま（とても）」「どんどろけ（雷）」
「きょうとい（怖い）」
「うるう（多すぎて嫌になる）」
「かいさまりい（逆になっている）」
「ごめた（まとめて）」
「すかる（もたれる）」

風習

・豆腐を食べると嘘が帳消しになる「うそつき豆腐の日」（12/8）がある
・雛人形を川に流す「流し雛」の風習が残る

食生活

・茶碗蒸しの具に春雨
・ラーメンは牛骨でダシを取る
・うどんつゆに中華麺を入れる

ソウルフード

白バラ牛乳、とうふちくわ、スタミナ納豆、モサエビ、ブドーパン

○相性良／富山、福井、長野
×相性悪／福岡、長崎、沖縄

他県民には驚きの鳥取の珍常識!?

・スクール水着がオレンジ色
・ウイルス性胃腸炎のことを「腸感冒」という
・「北海道」という回転寿司チェーンがあるため県民は気軽に「北海道に行く」と言う
・「二十一世紀梨」がある

島根県

出雲の神様もやきもきするほど真面目で保守的な出雲人と、さっぱりサバサバ石見人

大国主命
妻6人
絶倫
子だくさん
イケメンで遊び人な
縁結びの神である
そんな神様のお膝元でありながら
話って何? 出雲くん
……
人付き合いが非常に消極的な島根県人
マイペースで、男性は特に内気なため、最終的には
ああぁ やっぱり 言えん 神様――!!
?
困ったときの
神頼み
ということもままあるが
……あ奴 雷《いかづち》でも 落として やろうか
じれったい のう
大王様《オオキミ》 落ち着いて
関係は焦らず、ゆっくりと築いていくのが吉である

出雲くん PROFILE

島根3兄弟のひとり。温和でほかの2人（石見・隠岐）に比べ、引っ込み思案。常に神様が身近に在るためか、困ったことがあると、ついつい神様に頼りがちな傾向が

★内気で恋愛に関してもなかなかアプローチできない県東部の出雲に対し、県西部の石見は積極的。隠岐の人は人情味が豊かといわれている

47番目に有名で、一番真面目な県民？

出雲大社に祀《まつ》られている大国主命《おおくにぬしのみこと》は、天照大神《あまてらすおおみかみ》に国を譲ったことで知られます。いわば島根県は、神話の時代には日本の中心だったわけですが、現代でのポジションは「日本で47番目に有名な県」。島根県庁が東京のアンテナショップで販売しているカレンダーには、こんな自虐的なキャッチコピーが躍ります。47番目はさて置いても、お隣の鳥取県とはしょっちゅう混同されるのが県民の頭痛の種。

ちなみに大国主命は艶福家《えんぷくか》としても知られますが、島根県民はいたって真面目。朝ご飯をしっかり食べ、税金をきっちり払い、ボランティアにも積極的です。一見、遊び人風に見えたり、上司の言うことを聞かなそうに見えたりする人でも、根は真面目で保守的なのが島根県民です。中でも県東部の出雲の人は内気で消極的。「砂丘がある県だから、のびのび自由奔放《ほんぽう》なんだろう」と誤解しないように。自由奔放はともかく、「いいえ、砂丘はありません」と県民から即否定されるとは思いますが。

また、特に男性は仲間を大切にし、ときに「国譲り」のごとく大盤振る舞いをしたがります。「割り勘でいいよ」と遠慮するのはプライドを傷つけるので注意。

礼を重んじる出雲人とサバサバした石見人

横に長い島根県は、松江市を中心とする東側の出雲地方と、西側の石見地方に分かれます。一般に、出雲人はあまり本心を明かさないとされ、対する石見人はサバサバしているとされます。その違いはお宅訪問にハッキリ表れるようです。

出雲人のお宅に訪問するときは、数日前にアポを取らなければならず、当日に約束を取りつけようとすると嫌がられます。訪問すれば家に上げられ、お茶と茶菓子で丁寧にもてなされますが、いきなり本題には入れません。あたりさわりのない世間話から入るのがマナー。用事は簡単でも、ある程度の時間は見積もっておきましょう。

一方、石見人の場合はとてもシンプル。当日でなければ逆に嫌がられます。お宅を訪れれば、「上がりんさい」と出迎えられますが、客間に通されることもお茶が出てくることもなく、玄関で用件だけ立ち話して終わります。もてなさない代わりに、こちらも気遣いが要りません。同じ島根県民でもずいぶんと違います。県民と付き合う場合、どちらの出身かを把握しておくほうが、すれ違いが少なくて済みそうです。

塩分の摂《と》りすぎで「まめなくん」も大忙し

県のマスコットに「まめなくん」というキャラクターがいます。「さすが真面目な島根県」と、ついうなずいてしまいそうですが、「まめな」は「健康だ」という意味の方言なので、「真面目くん」ではありません。健康長寿を訴えるキャラクターです。
実は島根県民はマヨネーズやドレッシング、醤油が大好き。結果、塩分を摂りすぎる傾向があり、「まめなくん」の出番というわけです。山海の幸溢れる島根県。そのままで美味しいものばかりだと、県民には〝まめに〟伝えたいものです。

島根 おもしろDATA

方言

「えすこ（いい具合）」
「おちらと（のんびりと）」
「おんぼらと（ゆったりと）」
「びーびー（魚）」「しばり（トゲ）」
「まんまんこ（トウモロコシ）」
「～していただけると喜びます（物事を頼むときの丁寧な表現）」

風習

・出雲大社周辺では神式の葬儀も多い
・般若《はんにゃ》の面を家に飾る
・お盆に木で船を造り、沖で海に流す

食生活

・味噌汁はシジミ汁が定番
・雑煮はすまし汁や小豆
・そばは紅葉おろしで食べるのが普通
・法事にあんパンを配る

ソウルフード

赤てん、板わかめ、あご野焼

○相性良／新潟、宮崎、沖縄
×相性悪／宮城、岐阜、大阪

他県民には驚きの 島根の珍常識!?

・煎茶専門の喫茶店がある
・ノドグロなど高級魚がスーパーで売られている
・運動会でトンビに弁当を取られないようにと注意放送がある
・旧暦の10月は神無月ではなく神在月
・車止めが銅鐸《どうたく》の形をしている
・「十六島」の読み方は「うっぷるい」

岡山県

よくも悪くもKY気質
見切りも早いクールな合理主義者

無益な殺生はやめようでぇ
何ごとも話し合いで解決するんが建設的かつ合理的じゃろう？
なにゅうを理屈っぺぇことを……
いきなり来て
なんなん？
略奪なんてナンセンスじゃと思わん？
問答無用!!
やってしまやぁええがぁ!!
わからんのんなら仕方ねぇな
ヴッ
成敗
あきらめの早さも日本一

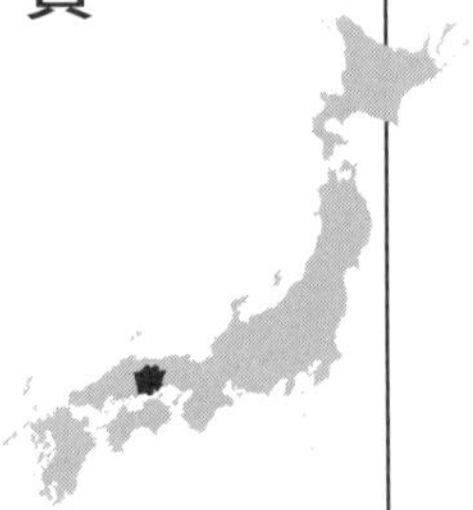

岡山桃太郎（仮名）さん
PROFILE

桃太郎伝説の地はどこよりも自分がふさわしいと、桃太郎のコスプレで対外的にアピール。きびだんごも悪くないが、お茶請けなら大手まんぢゅうだな、と思っている

★2013年1月、岡山市長が突然「桃太郎市に改名します。新しいキャッチフレーズは"おしい！　桃太郎市"であります」と発表。後日、特設サイトにて、改名もしないし、キャッチフレーズも使いませんと撤回した。市長曰く「あのときは鬼に操られていました」とか

理知的で長い物に巻かれない県民気質

プロ野球の東北楽天ゴールデンイーグルスを初優勝へ導いた星野仙一監督は、岡山県出身。熱血指導で知られますが、「球団上層部との交渉がうまい」という指摘もあります。チームの補強に必要な戦力と金額を理路整然とわかりやすく説明し、オーナーの了解を取り付ける巧《たく》みな交渉術を備えているというわけです。

岡山県民も同じように、理知的で自分の意見を相手に通すことを好むようです。職場の会議が「なあなあ」ですぐ終わりそうな気配なのに、自説をとうとうと述べ出して空気がざわつくこともあります。

この長い物に巻かれない協調性の乏しい県民気質は付き合いにくく見えるかもしれませんが、職場の活性化には大きく貢献してくれそう。「契約を切りたいが長年お世話になってきたし……」という取引先には岡山県民を向かわせればさっさと話を済ませてくれるでしょう。

ところが恋愛となると一転、男性はなぜか決定力不足を露呈《ろてい》してヤキモキさせられます。女性は姐御肌気質の人が多いようです。

空は快晴でも人は冷たい？

瀬戸内海特有の温暖な気候に恵まれた岡山県は、天候が変わりやすい北陸地方とは逆の意味で天気予報がよくハズれます。雨の予報でも晴れたまま。降水確率50～60％程度では傘を持ち歩くことはありません。この影響か、県民の気質は快活ですが、粘り強さは希薄。よくも悪くも見切るのが早い傾向にありますから、新規開拓の営業先に向かわせても「ダメでした」とあっさり戻ってくるかもしれません。

また気候が温暖で災害の少ない歴史を歩んできたため、助け合いの精神が育まれなかったといわれており、生来の理知的な気質と相まって、人情の厚さを見ることはあまりありません。特にヨソモノに対しては冷たく、転勤者泣かせの地でもあります。

ただし、民放の電波を共有している対岸の香川県とは親密。新幹線で1時間とかからない関西地域にも比較的親近感を抱いているようです。岡山県に赴任した人は、これらの県民に間に入ってもらうか、阪神タイガースの話題を活用して信頼関係を地道に築いていきましょう。また、なぜか岡山駅はサスペンスドラマのロケ地に活用されることが多く、時刻表トリックを用いた内容のドラマは要チェック。「昨日、岡山駅が出ていましたね」と話を振れば、ヨソモノではないとアピールできるかもしれません。

広島は永遠のライバル

逆にお隣広島県に対しては、激しいライバル心を燃やしています。それは、両県とも中国地方の〝盟主〟を自任しているから。間違っても広島カープネタを持ち出すことは避けましょう。また県都・岡山市と、大原美術館や美観地区などの観光資源が多い倉敷市もライバル関係にあり、こちらも頭に入れておくと無用なトラブルは避けられるかも。

岡山 おもしろ DATA

方言

「ぼっけぇ（とても）」
「でえれぇ（とても）」
「もんげぇ（とても）」
「じゃーじゃー（そうそう）」
「もげる（音程が外れる）」
「ちゃら書き（走り書き）」
「でーこんてーてーてー（大根炊いておいて）」

風習

・男子の初節句に、粘土でできた菅原道真の人形を飾る
・葬儀で出棺の前に参列者が故人を囲んで簡単な食事をとる

食生活

・カツ丼にデミグラスソースをかける

ソウルフード

シガーフライ、ヨメナカセ、えびめし、タイメイソース、「飛竜」の生ラーメン、黄ニラ

○相性良／大阪、鳥取、香川
×相性悪／北海道、福島、石川

他県民には驚きの岡山の珍常識!?

・習字の起筆のことを「うったて」という
・20から後の数字の数え方が、にーいち(21)、にーにー(22)、と続く
・タクシーの初乗り料金が安い
・岡山放送の天気予報で流れるBGMの歌詞が「天気予報は外れたけど」となっている

広島県

怖くないです快活なだけです！
陽気で乗り気、飽きっぽいのはご愛敬

おう わしじゃ！
たまにゃー 飯でも食いに 行こうや⁉
ちぃたあー お前からも 連絡せーや たいがいに せーよ
ホンマ 久しぶりじゃけえ！
あっ そっ そうだよね ごめん
お前の うまげな のぉ！ ちぃと くれーやー
あっ もちろん よかったら
威嚇《いかく》してるわけじゃないから
こがーに ようけ くれんでも えーがぁ
いいから いいから なんだったら 全部とって いいし
怯えないでね♥

声も大きいけど 怒っているんでも ないからねぃ

広くん PROFILE

地元愛が強く、中国・四国地方の中心は自分だと信じて疑わない。関西よりむしろ東京に親近感。企業の支店も多いし、新しいもんが好きじゃけぇ。特技はスクワット *

★インターネットのgooランキングによると、「口喧嘩をしたらどこの方言が最強か」というアンケートで広島は大阪に次いで2位

＊広島カープ応援名物「スクワットコール」。立ったり座ったりを繰り返しながら応援する

熱しやすく、考えるよりまず行動

広島弁は「怖い」「怒っているみたい」とよくいわれます。映画『仁義なき戦い』シリーズの影響だとする指摘もありますが、熱しやすく、考えるよりまず行動するというアグレッシブな県民気質が話しぶりにも表れているとはいえます。

実際には怒っているわけでも威嚇しているわけでもなく、ただ快活に話しているだけなので、気を遣う必要はありません。瀬戸内特有の陽気な県民性なので、基本的には付き合いやすいといえます。ただし、これもまた瀬戸内によく見られる気質ですが、本心はあまり明かさず、どこか淡泊なところもあります。遊び好きでノリのよい県民ですが、付き合う際には、遠慮は忘れないようにしておきましょう。

また福山市を中心とする備後地方は、岡山県民と似た冷静な人が多いようです。県民の間でも、広島市側の安芸地方とは「別の県」という意識があります。

広島のアイデンティティ、「お好み焼き」と赤ヘル軍団

広島県民の郷土愛は格別。広島が世界の中心だと思っている人もたまにいて困惑させられることも。その郷土愛がよく表れているのが「広島焼」と広島カープでしょう。

いわゆる「広島焼」またの名を「広島風お好み焼き」は全国的にも有名ですが、県民はこれらの名前で呼ばれることを嫌います。こちらが標準なのに、なぜ地域版のような名前で呼ばれなければならないのかというのが、その理由です。

広島カープは、プロ野球の中で唯一の市民球団。チームの台所事情のせいで選手の年齢がおしなべて若く、高給取りがいないこともあって、県民にとってはスターというよりは家族のような存在です。県民が前置きなく「昨日は勝った」と言えば、カープの試合のことを指しています。広島県民と「お好み焼き」をつつきながら、赤ヘル軍団の話題に花を咲かせれば、親密さもグッと深まることでしょう。

近年では、この飾らないチームカラーが全国的にも人気を呼び、首都圏でも若い女性を中心にカープファンが増えるという現象が起きているとか。カープに詳しくなれば、結婚しても相手の家族や親族に気に入ってもらえるかも。

道を拓《ひら》くフロンティア精神

郷土愛の強い広島県民ですが、新し物好きで行動力に富むためか、多くの海外移民を生んできたという歴史もあります。このフロンティア精神を引き継いでか広島出身の歌手も多く、矢沢永吉、浜田省吾、吉川晃司など一匹狼系の人が目立ちます。自分の道は自分で切り拓くということなのでしょう。広島県民となら、ピンチに立たされたときも、難局を切り拓いて解決にたどり着けそうです。

ただし熱しやすく冷めやすいため、興味がなければさっさと新しい場所を求めて去ってしまう傾向が。男性の場合は恋愛でもその傾向があるので、流されない自制心と冷静さが必要かも。女性はそんな広島男性を見ているためか、むしろ慎重なようです。

広島 おもしろDATA

方言

「〜ちゃった（尊敬の語尾）」
「たいぎい（嫌なこと全般を指す形容詞）」
「いぬる（帰る）」
「えっと（たくさん）」
「はぶてる（ふて腐れる）」
「空気つぎ（空気入れ）」
「みやすい（たやすい）」

風習

・お盆には、カラフルな盆灯籠《ぼんとうろう》がお墓の周りに立つ

食生活

・カキのシーズンはカキ料理を食べる祭りが各地で開かれる
・うな重よりアナゴ重が一般的
・ワニ（サメのこと）を食べる

ソウルフード

オタフクソース、チチヤスヨーグルト、せんじがら、がんす、大豆うどん、ウニホーレン、ブロイラー、水軍鍋

〇相性良／愛媛、山口、高知
×相性悪／京都、長野、石川

他県民には驚きの広島の珍常識!?

・「〜じゃけんのう」とは言わない
・原爆の日の8月6日は登校日
・路面電車に全国各地で引退した旧式車両が使われている
・居酒屋での第一声は「たちまち（とりあえず）ビール」
・呉市の焼鳥屋にはいけすがある

山口県

心に「理想」を持ち、大いに語る今も受け継がれる長州志士の気風

盆も過ぎて はあ暮れかい おい！
季節の ご挨拶なら 手配して ありますけ
由布さん 夕食 召し上がって おいでいね
あっでは お言葉に 甘えて
しっかりして 気配りの届いた 奥さま ですよねえ
いんにゃ まだまだ いや
――でも何だろう
ゴホン
スッ
……
呼んじゃった？ ですか
このそこはかとない昭和臭……

長州夫妻 PROFILE

一杯やりながら政治をとうとうと語るのが趣味の旦那さん、奥さんはその話にうなずきつつ、流すところは流すあしらい上手。旦那の出世は奥さんの手腕という噂

★結婚すると内助の功を発揮する山口女性は、社交的で気配り上手なしっかり者。さっぱりした性格なので、男らしいタイプが好み。男性はプライドが高く、頑固だが義理人情に厚い。気の強い女性はタイプではないとか

「僕」は「君」に亭主関白

「僕」「君」という言葉は、幕末の長州藩、つまり今の山口県が発祥という説があります。吉田松陰が「身分の別をなくす表現」として好んで用いたため、長州の志士たちに広まり、彼らが政府の中心を担《にな》った明治時代に一般的になったというわけです。

こんな〝先進的〟な山口県民ですが、男性は亭主関白、女性は内助の功タイプと、どこか古風な気質が目立つようです。幕末モノのドラマでは、長州の志士たちは大真面目に天下国家を論じ大言壮語するキャラクターとして描かれますが、そのＤＮＡは現代の山口県民にも受け継がれているところがあります。天下を見据える男子には、女子に優しい言葉を投げかけている暇などないということでしょうか。

理想を語る山口男子、黙って見抜く山口女子

山口県民は、県民同士の結束力が強く、人間関係を重んじます。ひとりよりもチームプレイで力を発揮するタイプですから、会社などでは重宝されそうです。

ただし男性は、「天下国家」とまではいかなくても、理想論を語るくせがあります。どこか格好つけた印象が漂いますが、実際、オジサンになっても体形を保ったダンデ

ィな人が目立ちます。また、どこか調子がいいだけに聞こえがちな理想論も、本人は大真面目。その理想を現実にして大物になる県民も少なくありません。

ただし価値観は保守的で、なにかと「男らしく」振る舞おうとします。このため新しいモノには慎重で、お祭り騒ぎに乗じてはしゃぎ回るようなノリのよさもありません。ちょっと退屈に思うかもしれませんが、山口県の男性とは、今を少し我慢して付き合うと、将来はビッグかつダンディな紳士に化ける可能性も。時事問題には関心が高いので、新しいモノに誘うときは時事的なうんちくを添えてみるといいかも。

また女性は亭主関白を支えるタイプが多いため、口には出さなくても人を見る目が優れています。山口の女性が大人しいからといって甘く見るのは禁物です。ちゃっかり見抜かれている恐れがありますから、誠意を持って接しましょう。

東西を〝濃い〟県に挟まれても……

山口県は、地理的には広島県と福岡県というキャラの濃い県に挟まれ、今ひとつ個性を発揮できていない印象です。新幹線も「みずほ」や「のぞみ」は県内5つの駅をすべて通過してしまうことがしばしば。県民も、岩国市など東側は広島県に、下関市など西側は福岡県に、進学や就職、買い物などで流れていく傾向があります。
しかし、県民は郷土について「広島や福岡に劣る」とコンプレックスを抱くことはありません。総理大臣を何人も輩出し、幕末以降の日本を支えてきたという自負の賜《たま》物《もの》でしょうか。仕事やプライベートなどでうまくいかないことがあったときは、山口県民の自信に学びましょう。ともに理想を語り合うと、明日への活力がみなぎってきそうです。

山口 おもしろDATA

方言

「じら（わがまま）」
「すいばり（トゲ）」「ぶち（とても）」
「せんない（面倒臭い、鬱陶しい）」
「はー（もう）」「たう（手が届く）」
「きすい（筋っぽくて固い）」
「〜していただけるとしあわせます（物事を頼むときの丁寧な表現）」

風習

- 結納で「百飛喜」という少額を入れた金包を渡す
- 5年ごとに錦帯橋の強度検査があり、地元の高校生約100人が橋の上に整列する

食生活

- 茶そばを瓦《かわら》で焼く
- 巨大な麩《ふ》を味噌汁に入れる
- ラーメンの付け合わせは稲荷寿司
- ウナギを食べない地域がある
- スーパーでふくの刺身が買える

ソウルフード

魚ロッケ、けんちょう、
バリそば、しそわかめ

○相性良／群馬、香川、佐賀
×相性悪／福島、大阪、鹿児島

他県民には驚きの山口の珍常識!?

- 「ふぐ」ではなく「ふく」
- 公衆電話の上にふくが乗っている
- ガードレールが黄色い
- 山口県の「やまぐち」と山口市の「やまぐち」は発音が違う

徳島県

物腰柔らかな反面 ちゃっかり抜け目のない実利主義者

阿波さん PROFILE

明るく積極的。けど損や無駄はキライ。お金はただ使うのではなく、投資と考える。堅実経営で会社も順調。将来は息子か娘に跡を継がせるべく、２人の教育に投資中

★帝国データバンクの調査によると、徳島県内の女性社長比率は8.15％と全国一（2011年）。働くことを厭わず、経済観念が発達している強みか？　ちなみに人口当たりの出身地別社長輩出率ランキングでは、徳島県は9位

「踊る阿呆」の抜け目なさ

徳島県の夏を彩《いろど》る「阿波踊り」。最大規模の徳島市の阿波踊りは、100万人以上が見物に訪れます。さぞかし儲かっているのだろうと思いきや費用が意外にかさんでおり、市観光協会は4億円の累積赤字。〝お上〟の苦境の一方で、経済効果は百数十億円ともいわれていますから、県民はちゃっかり儲けているようです。

この抜け目のなさは特に女性に顕著で、県内の女性社長の比率は全国一。俗に「讃岐男に阿波女」といいますが、阿波女の強みは、優れたビジネススキルにあるようです。自立願望のある女性は、徳島県民に学ぶとよいでしょう。

一方の男性は控え目ですが、どちらが得か損かという実利で行動するのは女性に同じ。生き馬の目を抜くような競争の世の中ですから、利に聡《さと》くも女性のように社長にはならない徳島男子を部下に持てば、上司としては心強いでしょう。ただし足を引っ張るのが好きな一面もあるので、人事管理には気を配って。

人当たりは柔らかくても中身はシビア

多くの徳島県民の脳裏に今も焼き付いているのは、甲子園での池田高校の活躍です。

卒業生でもないのに校歌を歌えるという県民は珍しくありません。わずか11人で決勝まで勝ち上がった雄姿は「さわやかイレブン」と呼ばれ、人気を博しました。

ところが監督は「さわやかでもなんでもない」と完全否定。厳しいしごきのせいで部員が11人に激減しただけだと身もふたもない〝裏事情〟を語っていたものです。まさに「前がやおうて（柔らかくて）、裏が冷たい」といわれる県民気質と重なります。

徳島県民は、物腰が柔らかく人当たりはいいですが、打算的でシビア。すぐに打ち解けることはできても、無理に人に合わせることはしないため、協調性に乏しく自分勝手に振る舞うように見えるときもしばしば。ただし、実利主義なため物の考え方はわかりやすくハッキリしています。積極的に食事に誘って価値観を知ってしまえば、むしろ付き合いやすいともいえるでしょう。

ただし、香川県と同様、糖尿病患者数が多いなど、県民は全体的に食べすぎの傾向にあるので、肥満にはご注意。

阿波踊り以外はすることがない？

熱狂的な盛り上がりを見せる阿波踊りですが、シーズン以外は県都・徳島市でさえ

「人がいない」と県民は自嘲気味に語ります。実際、ホテルの宿泊者数は全国最低レベル。県庁所在地に映画館が1軒もないという状況も長くありました。

商売熱心な徳島県民ですが、阿波踊りが圧倒的なせいか、実利のことばかり考えているせいか、はたまたアピール下手なためか、ことレジャーに関しては苦手なようです。徳島県民は積極的に遊びに誘うのがいいかもしれません。シビアな価値観も少しは緩《ゆる》むかも。

徳島 おもしろDATA

方言

「あるでないで（あるじゃないか）」
「はめる（入れる）」
「せこい（疲れる、苦しい）」
「はがいたらしい（苛立たしい）」
「むつこい（味が濃くてしつこい）」
「〜んずく（〜しないまま）」

風習

・運動会のプログラムに阿波踊りがある
・披露宴でしばしば阿波踊りを踊る

食生活

・とにかくスダチをかける
・お好み焼きに金時豆を入れる
・雑煮に餅がない

ソウルフード

竹ちくわ、フィッシュカツ、
半田素麺、そばごめ、
ぼうぜの姿寿司

○相性良／長野、三重、大阪
×相性悪／宮城、福岡、長崎

他県民には驚きの 徳島の珍常識!?

・言葉に繰り返しが多く「歩いて歩いてした」のように動詞も繰り返す
・カボスはライバル
・「オロナミンC球場」と「ポカリスエットスタジアム」がある
・じゃんけんの掛け声が「えいさあほい」「あいしゅうほい」「いっかんほい」など種類が豊富
・JRの電化区間がないので「電車」と呼ぶと「汽車」と修正される

香川県

うどん愛でも「それだけではない」とのあえての主張は〝無難〟さを好むから？

香田　また失恋したんやって
控え目な秀才肌やって最初は人気あるのにな
何があったの？
実は……
デートのとき
香田くん……うどんばかりじゃ体によくないと思わん？
たまには野菜も食べないと
なんでなん？野菜が足りんのなら
野菜うどんを食べればええやんか
そりゃ相手が悪いわ!!
やろ!?
どうしてもうどんは外せないんだ
I♡UDON

たかがうどん　されどうどん　なのであった♪

香田くん PROFILE

知的で人当たりもよく、貯金もバッチリでモテ要素◎なのに、マックは潰れてもうどん屋は潰れないほどのうどん偏愛があだに。うどんイメージ払しょくへ現在奮闘中

★香川県は糖尿病受療率が高い。専門家によると、その原因のひとつに讃岐うどんが関連していることは否定できないとか。その一方で、糖尿病予防効果のある甘味料を大量生産する技術を香川大学が開発。これで心置きなくうどんが食べられる？？

讃岐うどんとともに生きる香川県民

2011年から香川県は「うどん県」を称しています。出身俳優の要潤《かなめじゅん》を「うどん県副知事」に起用するなど、手の込んだインパクトのある観光戦略です。さすがは「へらこい（小ずるい）」を自認する香川県民ならではといえそうですが、キャッチフレーズが「うどん県。それだけじゃない香川県」になっているところは見逃せません。

確かに香川県民は、本当によくうどんを食べます。職場の近くのうどん屋に、飽きもせず毎日のように通う人は少なくありませんし、学食や社食などで一番混雑するのもうどんコーナー。その上、一瞬で平らげるのでランチタイムはすぐ終わります。

また早朝から開いている店も多いため、朝食もうどん、お酒の後のシメも当然うどん。香川県民と付き合う際には、栄養のバランスに気をつけましょう。

やっぱりうどんがナンバー1

ここまで愛してやまないくせに、いざ香川県の魅力を尋ねられると、県民はうどん以外を挙げようとします。というのも、温暖で平野が広く、全国一狭い県土のせいか、香川県民は温和で野心がなく、無難であることを好みます。このため「うどん」の一点突破を図るより、「うどんだけではない」とバランスを取りたくなるというわけ。愛媛県の「坊っちゃんスタジアム」に対抗して県営野球場の愛称を募集したときも、選ばれたのは「オリーブスタジアム」という無難な名前。

ちなみに、流行に関心があり、新しい物を吸収するのは早いといわれる香川県民ですが、スーパーなどの買い物では新商品や珍しい物は本当に流行し出すまでなかなか手を出さないという他県民からの証言も。流行り＝大勢が持っている物＝無難と考えれば、うなずける部分もありそうです。

そのくせ県民は、四国のほかの県に比べ存在感が薄いことにコンプレックスを抱いてきました。香川県には国の出先機関や大手企業の支店が集中するため、県民には我こそが四国の〝盟主〟という自負があるからなおさらです。

「うどん県」は、自分たちの唯一無二の財産をようやく高らかに宣言した県民の大いなる脱皮なのです。おそらく本心は、後半の「それだけじゃない」にあるのでしょうが、コンプレックスの払しょくには成功したはず。周りに地味で大人しくしている香川県民がいる場合、その人の強みを自覚させると大きく飛躍するでしょう。その際「それだけじゃないことはわかっているよ」とつけ加えるとなお効果的かも。

「香川はせまいけん」が合言葉

居酒屋などで隣に居合わせた人が偶然にも知人の知人だと、通常は「世間は意外に狭い」という話になるものですが、香川県の場合はリアルに狭いためか、県民は「香川は狭いけんの」と特に驚きもなくまとめるのが常。ヨソモノに対しては一線を引いているところはあるものの、謙虚な気持ちで相手の懐に飛び込んでいけば、快く世話してくれるような人情味も持ち合わせているようです。

香川 おもしろDATA

方言

「〜なん？（疑問を表す語尾）」

「なんがでっきょんな？（直訳：何ができてるんだ？＝元気？）」

「〜まい？（〜したら？）」

「〜いた（ちょうだい）」

「ぴっぴ（うどん）」

「かく（持ち上げる）」

「まける（こぼれる）」

「うまげ（よさそう）」

「まっつくつい（似てる）」

風習

・新築や改装で新しい風呂に入るときはうどんを食べる
・渇水対策のため、自宅に雨水タンクを設置している家庭が多い

食生活

・雑煮にはあん入りの餅を使う
・年越しはそばでなくうどん
・煮物を天ぷらにする

ソウルフード

豆パン、まんばのけんちゃん、骨付鳥、サワラ、島の光、たこ判

○相性良／群馬、兵庫、広島
×相性悪／岩手、新潟、沖縄

他県民には驚きの香川の珍常識!?

・模造紙を「とりのこ用紙」と呼ぶ
・渇水時はプールの授業が中止になる
・多少の渇水では動じない
・女木島には鬼ヶ島の洞窟とモアイ像がある

愛媛県

趣味をつきつめこの世を謳歌《おうか》する マイペースな浮き世離れ人

伊代ちゃん これなんだけど……
うん うん なるほどー
さっそく 行って くるけん！
ぴゅっ
あっ！ ちょ まだ 全部説明 してねぇ……！
あれ？
たっ たっ
そう言えば 担当さんの 名前とか 聞いたっけ
たっ たっ たっ
ま ええか
なんとか なるでしょ♪
伊代ちゃ まっ
待って…
いや、ならないでしょ（笑）

伊代さん PROFILE

日頃はおっとりで天然。「ほどほど」がモットーだが、祭りと運転時には人が変わるともっぱらの噂も。ショッピング好きが高じてか、クレジット商法を生み出した

★愛媛県の中でも、香川寄りの東予は比較的勤勉で要領がいい人が多く、高知寄りの南予は情熱的で豪快、気前よくお金を使うタイプといわれている

憎めないながらも、つかみどころのない気質

「伊予の駆け出し」といって、愛媛県民は人の話をロクに聞かないうちから走り出し、途中で行き先がわからず足を止めるという天然ボケなところがあるとされてきました。温暖な気候と豊富なビタミンCのせいか、多くの県民がのびのび穏やか。若干おっちょこちょいですが、裏表がないので憎めません。

気楽に付き合えるタイプが多いですが、ひょうひょうとしてあまり本心を出さず、深い付き合いは避けがち。このため人によっては「何を考えているのかわからない」と感じてしまう場合もあります。また自己主張しない分、逆に他人のことは冷静に観察しています。愛媛県民と接するときは、まずこちらから積極的に自分をさらけ出すことが重要です。そうすれば徐々に関係性は深まっていくでしょう。

他県を気にしない娯楽好き

愛媛県の東端にある四国中央市は、２００４年に川之江市や宇摩郡の町村などが合併して生まれましたが、どこか斬新で、四国中央とはまた大きく出たな感のあるこの市名、県民の間でも評判はよろしくありません。しかし、四国各県の中で他県に対す

るコンプレックスが最も薄いのが愛媛県民だということはできます。

徳島、高知は人口の少なさに悩み、香川は印象の薄さを気に病んできました。そこへいくと愛媛県は、圧倒的に人口が多く、『坊っちゃん』、『坂の上の雲』、道後温泉など観光資源にも恵まれています。生来の穏やかで陽気な気質もあり、他県と比べて一喜一憂するという行為そのものにあまり縁がありません。このため地元志向が強く、大都市への憧れも希薄。ほどほどの中庸《ちゅうよう》を好む傾向にあります。

趣味の追求に余念がない？

県内のあちこちで見かけるのが「観光俳句ポスト」。俳句を詠んで投函《とうかん》すれば審査を受けられるという何とも風流なポストです。正岡子規を筆頭に、多くの文人とゆかりが深いことにちなんで松山市が実施している観光事業で、近年はブリュッセルにも進出したという力の入れようです。

県民が誇る俳人・正岡子規は、日本に流入したばかりのベースボールをことのほか愛したことでも知られます。「野球」「打者」「走者」「直球」などの訳語を生み出し、野球殿堂入りも果たしました。

同じように愛媛県民は、趣味や娯楽に時間を費やすことを好み、お金もよく使います。日常生活ではほどほどの中庸を好みつつも、趣味に対する入れ込みようは「ほどほど」では片付かず、子規にとっての野球のように、ただの娯楽の域を超えている県民もしばしば目にします。

愛媛県民とは、趣味について語り合うと関係性が深まりそうです。たまにプロ並みのこだわりを見せる人もいるので、一緒に追求すれば自分の世界も広がるかも？

愛媛 おもしろDATA

方言

「がいな（たいそうな）」
「がいに（とても）」
「かまん（いいよ）」
「めんどしい（恥ずかしい）」
「行ってくらい（行ってきます）」
「帰ってこうわい（帰るよ）」
「激チャ（自転車で全速で走ること）」
「ジャクジ（カメムシ）」

風習

・中学校で「少年式」という学校行事が行われる

食生活

・秋に河川敷や海岸で大鍋で里芋を煮て食べる「いもたき」を仲間内で楽しむ
・「ポンジュース」が給食に出る
・焼鳥が串に刺さっていない

ソウルフード

削りかまぼこ、ヒット焼き、じゃこ天、甘酒アイス、ざんき、労研饅頭、マダムロシャス

○相性良／栃木、広島、大分
×相性悪／山形、長野、奈良

他県民には驚きの愛媛の珍常識!?

・「タルト」はあんこを巻いたロールケーキ状の菓子を指す
・そばめしに似た「ちゃんぽん」という料理がある
・柑橘類の種類がミカンやイヨカン以外にもものすごくたくさんある

高知県

自己主張も、酒も、女だって強い 南国土佐人は豪快で大胆不敵

浮気したなら素直に謝っちょき！
好きやってあればあ押してきたのは嘘なが⁉
うるさい！
おんしゃーこそ男のやっちゃうことにいちいち口を挟むな‼
頑固者‼
おんしゃーが辛抱足らんがやろ！
もぉ頭きた！今日こそ決着つけちゃる
望むところじゃき
ハラ
ハラ
おろ
おろ
オセロで白黒つけようや⁉
おう！吠《ほ》え面かくな⁉
何かにつけ白黒つけたがる高知県民
ズコー

高志くん＆知美さん PROFILE

お互いに頑固で強情、言い出したら一歩も引かないため、痴話喧嘩はめちゃめちゃ派手。喧嘩の原因の多くは、酒好き・ギャンブル好きの高志くんの金遣いの荒さ

★土佐男の強情な気質「いごっそう」は、津軽「じょっぱり」、肥後「もっこす」と並んで「日本三大頑固」と称されている。離婚率は高いといわれているが、2012年の統計では15位と思ったほど高くない

南国土佐はみんなまっすぐ

四国の中で唯一太平洋だけに面している高知県は、背後を四国山地に覆われており、独自の文化圏を形成しています。方言も独特なら荒々しい県民性も同じ四国とは思えないほど。男子は「いごっそう」、女子は「はちきん」と呼ばれますが、どちらも自己主張がストレートで、あいまいな物言いを嫌います。このため高知県民同士で結婚すると、頑固な夫に物怖《ものお》じしない妻ですから、喧嘩は派手に衝突します。地元志向が強く、県民同士で結ばれるカップルが多いため、高知の家庭はどこも賑やかです。

自分が正しいと思えば、家族友人知人はもちろん、お上の言うことだろうと屈しない反骨精神溢れる高知県民は一見すると怖い印象がありますが、親しくなるのは簡単。一度酒を飲みさえすれば、10年来の友人のように一気に関係性が濃くなります。ストレートな高知県民は裏表がありませんから、こちらも遠慮せずに言いたいことはハッキリ言いましょう。遠慮してあやふやな態度を取ると、逆に不興を買います。

ただし、酒席で酌《く》み交わす量は半端ではないので、相当な覚悟が必要。「ご返杯」といって、注がれたらすぐ注ぎ返すという習慣が普通に行われている上、高台の部分がなく、呑《の》み干すまでテーブルに置けない「べくはい」というお猪口《ちょこ》が出て来ることもあります。高知県民と飲みに行く場合は、翌日のスケジュールは空にしておくほうが無難です。

今日も元気に土佐弁全開

高知県民は、関西人と同じく自らの方言に自信を持っているのか、訛りを隠すことなく土佐弁全開で話しかけてきます。テレビドラマで坂本龍馬や乙女姉さんが話すのと同じ言葉が生で飛び出してくる口調は、他県民をからかうためにわざとやっているのかと勘繰りたくなるほどの見事さ。メールの文面も土佐弁です。

地方の出身者が進学や就職などで大都市に暮らし始めると、つい自分の言葉が訛っていないか気にしてしまうものですが、変に萎縮してしまうと言いたいことも言えずに息苦しくなるもの。高知県民のような堂々たる姿勢にあやかりたいものです。

豊富な海の幸、山の幸はローテーションで

食文化も高知県は独特です。カツオのたたきや皿鉢料理は有名ですが、居酒屋の暖《の》簾《れん》をくぐると「のれそれ」や「ウツボのたたき」など、耳慣れない、見慣れないメニ

ユーが多く、異国情緒が漂います。
ただし、新鮮な海の幸にこと欠かず、切って盛り付けるか、切って炙《あぶ》って盛り付けるだけで美味しく完成してしまうせいか、あまり手の込んだ料理はありません。魚介に飽きてしまうと県民との酒席も苦痛になりかねませんが、実は高知県は山の幸も豊富。飲み会の会場を定期的に県民のお宅にして魚介以外を酒の肴にすることで、お酒も美味しくいただけ、円滑な付き合いがいっそう進みそうです。

高知 おもしろDATA

方言

・母音をハッキリ発音し「高知」は文字通り「こうち」という
「しょう（とても）」「冷やい（寒い）」
「こじゃんと（たくさん）」
「ちくと（ちょっと）」
「お金をひく（お金をおろす）」

風習

・鯉のぼりとともに絵柄を描いた旗「フラフ」を掲げる
・6月に各地の神社で茅《かや》の輪をくぐって無病息災を願う「輪抜けさま」がある

食生活

・いたどりを日常的に食べる
・ミョウガの生産量が全国の8割を占め、料理にもたくさん使う

ソウルフード

ぼうしパン、
「久保田食品」のアイス、
リープル、ひまわりコーヒー、
文旦、鍋焼きラーメン

○相性良／神奈川、大阪、長崎
×相性悪／石川、愛知、山口

他県民には驚きの 高知の珍常識!?

・原付を「モーター」と呼ぶ
・アイスを「ケーキ」という
・方言に過去完了などの複雑な時制の表現がある
・交差点にアルファベットの目印がついている

福岡県

陽気でお祭り好きなラテン系
見栄っ張りなのはサービス精神のなせるワザ?

博くんの将来は
芸能人か詐欺師って
ところね
冗談よ
ひどいな〜
先生〜〜
けど
二枚舌で
ハッタリ
上手だし
はあ……
ちょっと
小心なところも
可愛いだなんて
向いてると
思わない?
けど俺
好いとぉ女には
一途ばい
一生かけて
愛し抜くから
……っ!
福岡男が見せる
男気に、ぐっときちゃう
女子は少なくない

博くんPROFILE

お喋り・お祭り・女好きと三拍子揃った福岡男子。ノリがよく口先(だけ)男と評される一方、「男は女を守るもの」という男気も。そこにほだされる女性も少なくないとか

★福岡県民は好き嫌いがハッキリしており、好きになったらとことん一途だが、いったん嫌いになると、潔いほどきっぱりと嫌いになるらしい。離婚率が高いのは、男性がだらしなく女性がしっかり者だからという理由だけではないのかも

お祭り好きで格好つけるのが得意

目立ちたがり屋でお祭り好き、新しい物が好きで飽きっぽい。福岡県民のこのノリのよさや、カラッとした気質は大阪府民と似ていますが、大阪人と異なるのは格好つけることを好む人が多いという点。芸能人をやけにたくさん輩出しているのも、この陽気さと自己顕示欲が合わさった結果なのでしょう。

このため県民は、見栄を張るため思ってもいないことを口にしたり、ハッタリをかましたりすることもちらほら。博多っ子の言葉にはたまにリップサービスが含まれていることを頭に置いておくとよさそうです。また恋愛において男性は、ストレートに愛の告白をしてきますが、その〝男気〟がお酒やギャンブルにも大いに発揮される場合もあります。福岡県に公営ギャンブル場が多いのもこの気質が影響していそう。対する女性はしっかり者ですが、目立ちたがり屋の気性は男性と同じ。こちらが恐縮するくらいのサービス精神を発揮してくれることもあります。

福岡市民は地元と世界をともに見据える？

出身高校をやけに気にするのは地方都市でよく見られる傾向ですが、福岡市民にとっては出身中学が重要な情報です。いい年の大人同士でも、初対面のときは「どこの中学を出たのか」から話が始まることが普通。ちょっと異様な光景にも見えますが、それだけ地縁を重んじるということでしょう。市民の郷土愛は格別です。

とはいえ地元ばかり見ているわけではありません。新し物好きで目立ちたがり屋な気質のせいか、特に男性は「いつか自分も」と野心を抱く人が多く、芸能界に限らず幅広い分野で出身者の活躍が目立ちます。

女性は地元志向が比較的強く、福岡市で暮らすケースが目立ちます。「街行く女性が美人だらけ」と評判の福岡市ですが、県外へ出て行きたがる男性と、とどまることを望む女性とのギャップからか、独身女性の割合が全国的にも高い結果となっています。2012年には、福岡市の8番目の区として「カワイイ区」がスタート。インターネット上でファッションや美容などの情報をPRする仮想の行政区で、世界中から区民登録ができ、ますます女性が集まりそうです。独身の男性は、福岡県への転勤を希望するのもいいかもしれません。

筑豊は江戸っ子気質

「カワイイ区」の福岡市と異なり、九州の男くさいイメージを一身に背負っているのが内陸の筑豊地方です。炭鉱地帯だったこともあり、義侠心《ぎきょうしん》が強く、情にもろいとされ、江戸っ子に似た気質があります。おかげで血の気が多いイメージが強く、「筑豊ナンバー」の車にはつい道を譲ってしまうのが県民のお約束です。

本当に喧嘩っ早いかはさておき、筑豊の県民には、筋を通すことを心がけましょう。信頼関係ができあがれば人情に厚い分、心強い味方になってくれそうです。

福岡 おもしろDATA

方言

「ちかっぱ（とても）」
「くらすぞきさん（殴るぞ貴様）」
「かべちょろ（ヤモリ）」

風習

・ゴミの収集は夜中に来る
・山笠のシーズンはキュウリを食べない

食生活

・肉まんには酢醤油
・ラーメンよりうどんが人気
・コシのないうどんが好き
・うどんにはゴボウの天ぷら
・おでん屋でおはぎを食べる
・焼鳥屋では酢醤油をかけたキャベツが無料で出てくる
・かき氷の定番は「コバルトアイス」

ソウルフード

かしわ飯、がめ煮、焼きカレー、梅ヶ枝餅、カナッペ

○相性良／北海道、宮城、広島
×相性悪／岩手、愛知、島根

他県民には驚きの 福岡の珍常識!?

・体育の授業で立つとき座るときは「やー」と掛け声を掛ける
・何かするときの掛け声は「さん、のー、がー、はい」
・「筑紫もち」を「信玄餅」と混同されると腹を立てる
・「ひよ子」を東京土産にされると腹を立てる

佐賀県

“地味な花”でも技術立国！
質素倹約・地道に働く職人気質《かたぎ》

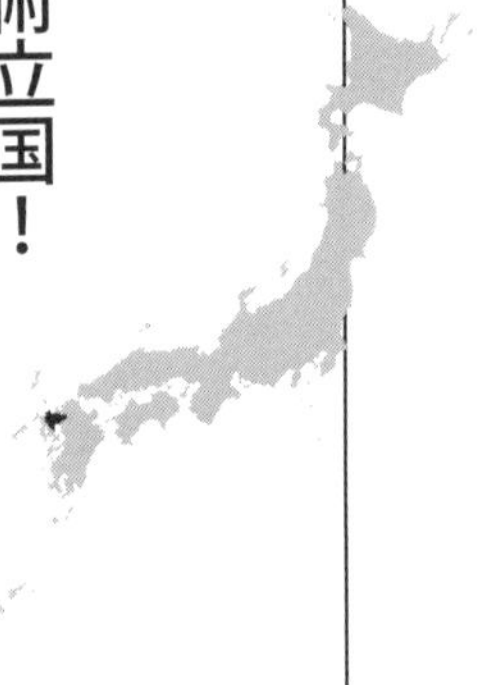

いらっしゃいませ
おジャマしてます
お…お構いなく……
もぢ
もぢ
ン！
……おい
なんねコレは
「ン」て言うたらブラックモンブランやろが!?
全然大丈夫です…から…
いえ…あの…あの…
すんませんすぐ持ってきますけん
昭和……？
？
このテの家俺やたら来てない？
――と思えてしまう佐賀県男子の家庭

賀広さん PROFILE

無口で責任感が強く、生真面目。日頃は倹約に励むも、使うときは使う。「やきもの」にはちょっとうるさい。人前では亭主関白ぶっているが、実は奥さんを大切にする

★佐賀女性は男性に比べると社交的だが、保守的で古風な価値観を持つ佐賀男性を見ているので、結婚すると夫を立てるよい妻に。軟弱な男性はタイプではない

派手な県に挟まれた頑固な県民

福岡県と長崎県という派手なイメージの県に挟まれた佐賀県は、県民性も対照的です。新し物好きで開放的な両県民に比べると、頑固で保守的。あまり融通が利きません。このためとっつきにくい印象を受けますが、礼節を重んじ責任感が強いため、職場など組織の中には馴染みやすいところがあります。

男性は「黙ってついて来い」という、いかにも九州男児的なタイプが多いのですが、勤勉で無駄遣いを好まない堅実さがあり、ただの空いばりではなく「言うだけのこと」はあるようです。そのせいか女性は控え目で、軽いノリの男性はあまり好まないところも。ただし県東部の鳥栖《とす》市は、交通の要衝で南北を福岡県と接しているせいか陽気な人が多く、「鳥栖はほとんど福岡」と線引きをしたがる傾向があります。

知名度は低くても県民は日本人の鑑？

九州のほかの県に比べ知名度が低いのが佐賀県民の悩み。県外で出身を名乗っても、「ああ……」とあいまいな返事のまま相手の目が泳ぐこともしばしば。県をＰＲするＣＭのキャッチコピーが「探してください佐賀県」だったこともありました。しかし最近では、ＡＫＢ48の曲に合わせて県知事や県庁職員が仕事の紹介をしながら踊る動画を公開。自治体として先陣を切ったこの試みが、ネットで話題となりました。

先陣を切るといえば、幕末には種痘《しゅとう》を先駆けて実施したり、独自に大砲を開発したりと西洋化をいち早く推し進め、ほとんど技術力のみで明治新政府を担う一角に収まった歴史もあります。県民の一部には「本気を出しさえすれば佐賀が日本を支配した」と思っている人も。また有田焼は全国を席巻した磁器のブランドです。保守的で目立つことを嫌いながらも、ときに新しいものを取り入れ、堅実に働く職人気質は、実に日本人的な県民性といえそうです。

一見地味で目立たなくても、佐賀県民は地道にコツコツ何かを磨いている可能性がありますます。そのうち大きな仕事を成し遂げるかもしれませんので、将来の可能性を信じ、大事に関係性を築いていくとよいでしょう。

年に一度の無礼講

無駄遣いを嫌う佐賀県民は、出るゴミの量も少ないほどの質素倹約ぶり。「佐賀もんが通った後にはぺんぺん草も生えない」という言葉もあります。そんな県民性とは裏腹に、九州の秋祭りの代表「唐津くんち」は、非常に派手。巨大な獅子頭やタイ、兜《かぶと》などをかたどった曳山《ひきやま》が練り歩く様子は実に勇壮です。

この祭りの期間中は、日頃お世話になっている人を招いてご馳走を振る舞い、親しく飲み食いする無礼講の風習があります。家によっては、このご馳走代で数十万円を使ってしまうとか。ふだんは堅実な分、使うときは豪快に使うということでしょう。

ちなみに無礼講と言っても、招かれざる客は食うべからずなのでご注意を！

佐賀 おもしろDATA

方言

「がばい（とても）」
「そいぎ（それなら）」
「あい（あれ）」「こい（これ）」
「やーらしか（可愛い）」
「さるく（歩き回る）」

風習

・長い餅を飲み込む「餅すすり」という伝統行事がある
・秋に熱気球の世界選手権がある
・毎月23日に「三夜待」という地域の親睦会が開かれる

食生活

・ちゃんぽんにソースをかける
・羊羹をよく食べる
・焼酎より日本酒が人気

ソウルフード

ブラックモンブラン、
ミルクック、トラキチ君、
シシリアンライス、
丸ぼうろ、ミンチ天

○相性良／神奈川、山梨、和歌山
×相性悪／秋田、群馬、香川

他県民には驚きの 佐賀の珍常識!?

・「つーつーつー」「どんどんどん」など擬音は3回繰り返す
・佐賀市の再開発地区「どん3の森」は「どんどんどんの森」と読む
・佐賀市内は800体以上の恵比須像がある
・家庭でも飲食店でも有田焼を使う

長崎県

オープンマインドでお人好し
人付き合いも恋愛も対等を好む平和主義者

新メニューはかなり冒険やと思うけど
よかね面白か
よかもんはなんでん取り入れてみらんば
ん？
おいしか？
まさに「ちゃんぽん文化」の長崎県人は開放的で新し物好きだ
そして細かいことにこだわらないため付き合いやすい人が多い
ハハハ…！
あらじゃが芋のできてしもたね まぁ小さいことはよかたい
※この状態を長崎では「じゃが芋」と言いますw
そいよりもう定時やけんおいは帰るけんね
新メニュー
そして諸々の行動は実に〝穏便〟という言葉が似合うのである

長保くんPROFILE

温和でフレンドリー。老若男女国籍問わず誰とでも付き合う。ハングリー精神はあまり持ち合わせておらず、現状でそこそこ満足するタイプ。好きな店はリンガーハット

★付き合いやすいと評判の長崎県民とさらに仲よくなるためには：①福山雅治を褒める　②福山つながりで龍馬ゆかりの地であることを話題に出す　③観光スポットの多さを褒める　④ちゃんぽんうめえ

外国がもたらした「新し物好き」と「平和主義」

江戸時代、日本で唯一海外に門戸を開いていた長崎県は、異国文化が流入し、国内からも人が集まり大いに賑わいました。そのせいか、長崎県民は新しい物が好きで開放的。細かいことは気にしません。加えて西洋文化の影響か、上下関係より横の関係を重んじ、対等な付き合いを好みます。それは恋愛でも同様で、恋人というよりは、友だちの延長のような感じです。

また広島と並び原爆を落とされた地でもあるため、平和を尊ぶ気風が強く、物事を穏便に進めることを好みます。長崎県民は非常に付き合いやすい気質といえますが、平等主義かつ平和主義なので、上から押し付けるようなやり方には反発しがち。常に話し合いの機会を持つようにしましょう。

また酔っ払うと強気なキャラに豹変する人も珍しくありません。飲みすぎにはくれぐれもご注意を。ちなみに好奇心旺盛でお人好しな気質のせいか、観光客に対しても親切すぎるほどウェルカム！　県民に道を尋ねると、かなりの確率で目的地まで案内してくれます。

イメージと違う精霊《しょうろう》流し、イメージ通りのちゃんぽん好き

長崎県は海岸線が入り組んだ非常に複雑な地形をしており、島も多いため、地域差や、長崎市対佐世保市など地域間のライバル意識が大きいという特色があります。

そんな中、県内で広く行われている風習が精霊流しです。初盆の際、精霊船と呼ばれる飾り付けた船を運び、故人の霊を慰めます。しめやかなイメージを持たれがちですが、爆竹を大量に鳴らし、山車《だし》と見間違えそうな大きな精霊船を掛け声とともに運ぶ様子は、まるで勇壮な祭りのよう。言葉のイメージと現実とのギャップに、精霊流しを見物に来た観光客の中には呆気《あっけ》に取られる人もいます。

また「流し」といいつつ長崎市では海や川に流すことはありません。ほかの地域では実際に船を流していて、翌日海に浮かんだお供えの果物目当てに子どもが海水浴に出るのがお約束でしたが、最近は環境保護などの観点から控えるようになっています。

もしかすると、この精霊流し同様、長崎県民は見かけのイメージと中身が異なるかもしれません。初対面のときの印象を引きずらないほうがいいでしょう。

ただしちゃんぽんと皿うどんは、イメージ通り本当によく食べます。お宅訪問の際は、家人お気に入りの店から出前を取るのが長崎流のもてなしだそう。

自転車には乗れるが乗らない

「長崎市民は自転車に乗れない」という都市伝説（？）があります。坂道が非常に多いため自転車の需要がほとんどなく、乗ることもできないというわけです。

実際には乗れない人が目立って多いというわけではないようですが、ふだん乗らないという人が多いのは事実のようです。逆に坂道には慣れているため、多少の勾配《こうばい》は気にしません。ふだんは穏便な長崎県民ですが、逆境には強いかも⁉

長崎 おもしろDATA

方言

「く（来る、行く）」「ぬ（寝る）」
「ばり（とても）」
「やっちゃ（とても）」
「がまだす（頑張る）」
「まっぽし（まっすぐ）」
「スーパイコ（酢豚）」

風習

・お盆の墓参りは夕方以降で、花火をする
・原爆投下の8月9日は登校日
・広島の8月6日にも黙とうする

食生活

・ひな祭りに桃カステラ、端午の節句に鯉の形をした菓子を食べる
・醤油が甘い。というか料理が甘め
・お酒の後のシメは佐世保市はハンバーガー、長崎市はおにぎり

ソウルフード

ちゃんぽん、皿うどん、揚げサンド、いぎりす、六兵衛、トルコライス、シースケーキ、ハトシ

○相性良／福岡、佐賀、熊本
×相性悪／長野、愛知、岐阜

他県民には驚きの 長崎の珍常識!?

・外食や宴会で食べ残した料理を「かぶり（持ち帰り）」にする
・墓石の文字が金色に塗られている
・墓所は門やベンチを備えている
・長崎市中心部に出ることを「下界に降りる」という

熊本県

男性はへそ曲がり、女性はストレート
純粋で正義感が強い〝肥後もっこす〟

火見子ちゃんはお父さんのことぶち好きなんやね
ダメ！触んないで!!
お父たんは火見子のなの!!
誰も触ったりお喋りもダメなの!!
独占欲が強く、業火のごとく人を愛する熊本女
お父たん
お父たん
付き合うときは焼き尽くされる覚悟を持って臨もう
……その独占欲も今は他人のものってか
お父さん
淋しい
もしもし…え？
今どこ!?
誰とおるん？
はあ!?

火見子さんPROFILE

情熱的な〝火の国の女〟。好き嫌いがハッキリしていて、相手にもそれを求める。焼酎は米が好き、肉は馬が好き、飲み物は水道水。福岡はライバル。天草は長崎じゃなか！

★美人というと、九州では「博多美人」が有名だが、熊本も美人が多いといわれている。その理由のひとつに水の美味しさを指摘する説や、「わさもん（新しがり屋）」の気質からか、流行に敏感で、垢抜けた人が多いという説も

火の国県民はまっすぐ好き

古くは「火の国」と呼ばれた熊本県。阿蘇山の噴火が由来という説もありますが、熊本女子はこの灼熱《しゃくねつ》のような名前通り、情熱的で愛情表現がハッキリしています。「大好きだけど恋人としてはちょっと……」というあいまいな分類はありませんし、気持ちをストレートに表します。女性の機微《きび》に疎《うと》い男性にはぴったりといえるでしょう。ただし、こちらがあいまいな態度を取ると女性は〝噴火〟します。覚悟しましょう。

一方で、熊本県の男性は「肥後もっこす」の言葉通り荒っぽい印象がありつつも、言いたいことはあまりハッキリとは言いません。どこかひねくれたところがあり、話をはぐらかしたり強がったりしがちです。このため誤解されることもありますが、繊細さや純粋さの裏返しと理解しましょう。仕事でも恋愛でも、熊本男子にはストレートに意見や思いを伝えれば、意外と情熱的に食らいついてきます。

「開けたら閉める」のメンタリティ

「あとぜき」。熊本県内では、ドアや引き戸によくこんな言葉が書かれた張り紙や表示を見つけることができます。直訳すれば「後で閉める」。つまり「開けたら閉める」

という意味ですが、平仮名ばかりなので「開放厳禁」より書くのが楽です。話し言葉でも「あとぜき！」で通じるので、開けっ放しを注意するにも非常に便利です。

この言葉は、単に扉を閉めることを呼びかけるだけではありません。自分の行動には責任を持たなければいけないという崇高なニュアンスも含んでいます。熊本県民は頑固で反骨精神に溢れているとされますが、裏を返せば正義感があり、まっすぐだということです。このため県民は、子どものころから「あとぜき」を通じて、マナーだけでなくモラルを叩きこまれるというわけです。

ひょっとすると女性が好意をストレートにぶつけ、あいまいな態度を嫌うのも、この「あとぜき」によって育まれた責任感があるのかもしれません。恋愛だけでなく、仕事でもレジャーでも、後始末をいい加減に済ますことを熊本県民は許しません。県民と付き合うには、まず「開けたら閉める」「出したら戻す」を徹底するように気をつけましょう。

頑固な県民は意外に新しい物が好き

熊本県といえばマスコットキャラクター「くまモン」。どこか間の抜けたような表情は、肥後もっこすとは正反対に思えますが、県民からも絶大な支持を集めています。

無駄遣いや冒険を嫌う慎重な気質の熊本県民ですが、実は新し物好き。流行にも敏感で、「福岡よりも早い」という自慢もよく聞かされます。このためくまモンの質素で斬新なデザインが県民にウケたのでしょう。

もし熊本県民が二の足を踏んだり腰が重いときには、新しさをアピールするとすぐに実行に移してくれるかもしれません。

熊本 おもしろDATA

方言

「ぎゃん（とても）」
「なん（人）」「こん（この）」
「あん（あの）」「～にゃあ（～ない）」
「しこる（格好つける）」
「からう（背負う）」「はわく（掃く）」

風習

- 通夜には香典と別に「目覚」と書いた袋を渡す
- 宴会で上司が会費の一部を援助する「御樽」という風習がある
- 大皿料理などは最後の一個を残す

食生活

- スイカを漬物にする
- 何でも味噌漬けにする
- 納豆には甘い醤油ダレがついている
- おでんは牛筋ではなく馬筋
- 辛子レンコンは揚げたてを好む
- 焼酎は米が人気

ソウルフード

ちくわサラダ、
シュードーナツ、太平燕《タイピーエン》、
馬刺し、いきなり団子

○相性良／茨城、鹿児島、長崎
×相性悪／岩手、大阪、沖縄

他県民には驚きの 熊本の珍常識!?

- 熊本市では蛇口から天然水が出る（水道水はすべて天然の地下水を使用）
- 初めて会う人には、まず出身高校を尋ねる
- TSUTAYAのことを「AV」と呼ぶ

大分県

内気でアピールが苦手な〝アイデアマン〟足を引っ張り合うのは向上心の表れ？

できた……
できたぞ！
これぞ新時代のエネルギー装置！
動物の習性を利用して太陽光を効率的に集め蓄えるのだ!!
ユニークなアイデアと豊かな能力を持つ大分県人
さらなる応用も可能なはず……
これはイケる!!
だが反面
人見知り・アガリ性・話し下手という三重苦を持つゆえ
もぢ
もぢ
研究どうけ？
なかなかねぇ
彼が表舞台に立つことはなかったという——

豊後くんPROFILE

照れ屋だが芯は強く、コツコツ努力するタイプ。しっかりと家庭を守る同郷の奥さんのおかげで、心置きなく研究に没頭。瀬戸内の友人が多いせいか、九州人の自覚は薄い

★日本一の「おんせん県」の座をめぐり群馬県とはライバル関係にある大分県。恵まれた温泉資源や森林資源などを活かした再生可能エネルギーの供給量・自給量がともに全国一という「エコ県」でもある

発想力が豊かでも表に出てこない？

瀬戸内海の西端に位置する大分県は、交易の中心として栄えた歴史があります。そのためか、多くの県民は発想力が豊かで情熱を秘めています。かつて県が「一村一品運動」というアドバルーンを大々的に打ち上げたときも、シイタケや関アジなど、全国に流通する産品を生み出すことに成功しました。

とはいえ大分県民は、内気で口下手なためアピールが苦手。秘めたアイデアや情熱があっても、なかなか表に出てきません。「運動」という大きな後押しがあって初めて県の名産が有名になったというわけです。もし職場の大分県民が、ふだん何も発言しなかったとしても、新商品や問題解決のためのアイデアをこっそり温めている可能性があります。発言しやすい環境を作ってみると、思わぬ秘策が飛び出してくるかも。

恋愛でも、特に男性は口が重く頼りなく見えてしまうこともあります。女性は気さくですが、言葉遣いがキツく聞こえがちなので、結果として男性同様、本心が見えにくい傾向があります。大分県民にはこちらから積極的にぶつかっていくとよいでしょう。そのうち思わぬ魅力に気づきそうです。

「赤猫根性」は競争意識の表れ？

大分県民の気質に「赤猫根性」がよく指摘されます。ずる賢く利己的で、足を引っ張り合う協調性のなさを意味した言葉です。江戸時代に小藩に分かれていた歴史の影響とされていますが、ずる賢いかどうかはともかく、トンネルが全国一多いという山がちな地形のおかげで、県民としての一体感は希薄です。

このためか県民は、出身をすぐ尋ねてくる傾向があり、ヨソモノに対して排他的な印象を与えてしまうこともしばしば。しかし当の県民自身、大勢に流されず個人主義を尊ぶ傾向があるため、同郷同士で固まることがあまりありません。「協調性のなさ」も、個人主義から来る競争意識の表れという意見もあります。大分県民とは、正々堂々競い合うと良好な関係が築けるかもしれません。

いい湯で温める人間関係

別府温泉や由布院温泉で知られる大分県は、源泉の数や湧出量でいずれも日本一を誇り、「日本一のおんせん県」を名乗っています。実際「何でこんなところに？」と言いたくなるような場所にも温泉があり、地熱発電や産業にも利用されています。

日本一であることのもうひとつの理由は、県民にとって入湯が非常に身近な存在だという点でしょう。大分県民にとって温泉は、休日の特別なレジャーではありません。別府市では公民館に併設されている市営の温泉が多く、入浴料金も100円程度。このため県民は「カラオケでも行く？　それとも温泉？」という具合に、実に気軽に体を癒やしに行き、文字通り、裸の付き合いの中で親交を深めます。

大分県民とは仕事帰りに温泉や銭湯に寄ることで関係性を築いていきましょう。

大分 おもしろDATA

方言

「真剣（とても）」「ずる（席を詰める）」
「はつる（ビンタする）」
「えらしい（可愛い）」
「ちゃきい（ムカツク）」
「トーマス（トイレ）」

風習

- 「努力遠足」という長距離を歩くことが目的の遠足がある
- 新入生と上級生が親交を深めるための「お見知り遠足」もある
- 「赤猫根性」の発祥とされる臼杵市では「赤猫祭り」がある

食生活

- 料理にはカボスをかける
- お盆に鱈のエラと内臓の乾物を煮込んだ「たらおさ」を食べる
- ラーメン屋に韓国風の冷麺がある
- 鶏の足を食べる
- 焼酎は麦焼酎が人気

ソウルフード

とり天、鶏から揚げ、ざびえる、やせうま、かぼす胡椒

○相性良／京都、広島、香川
×相性悪／神奈川、静岡、奈良

他県民には驚きの大分の珍常識!?

- 紛らわしいので「だいぶ」を「大分」とは書かない
- 「湯布院温泉」ではなく「由布院温泉」が正式名称
- 「由布市湯布院町」はある

宮崎県

目立たず・でしゃばらずをよしとする スローライフ好きの癒やし系

宮崎には「日向時間《ひゅうがじかん》」なるものが存在する
集合時間過ぎてるじゃない‼
ん〜〜よだきいんだよなあ
それは、とてものんびりゆっくりとした時を刻む
お待たせー
待たせても
ケロッ
なっ日向には早めで伝えるぐらいがいんだ
そんでもいっちゃん遅いげんけど。
もはやこのスローペースぶりは賞賛に値するかもしれない
日向にしゃ(お前)そんな怠け者で大丈夫げ？
そんなんでよう彼女に愛想尽かされんぞいね
それがとうとう別れを切り出されて
諸々よだきいし決められんちゃわ穏便にって言ったらよけい怒られたわ
ホンキで捨てられちゃうかも
宮崎男と付き合うなら主導権は女が持ちましょう

日向くんPROFILE

温和で人はいいのだが、「よだきい（面倒くさがり）」なのがときにもめる原因に。争いごとは嫌いなので「てげてげ（ほどほど）」で済まそうとする。でも根は正直で真面目

★男女とも比較的結婚は早めの宮崎県民。けれど離婚率も高め（ワースト2位）。ちなみに癒やし系の土地柄なのに自殺率も高め（ワースト4位）なのも気になるところ

「いもがらぼくと」に「日向かぼちゃ」

フェニックスの街路樹に陽光が注ぐ宮崎県は、南国イメージそのままに、のんびりした時間が流れています。俗に「日向時間」と呼ばれ、集合時間に30分遅刻は当たり前。県民の気質も温和で楽天的。車の運転もゆっくりです。

特に男性は楽天的すぎるため、忍耐力や持続力に欠ける一面もあり、何事も「よだきい」と消極的。「いもがらぼくと」、つまり「芋がらで作った木刀」にたとえられます。見かけは立派だが頼りないというどこか不名誉な意味ですが、無駄遣いは好まないため、ほどほど働いてそこそこの生活をするスローライフを好む人が多いということでしょう。仕事仲間としては、癒やし系の貴重な存在とはいえます。

ただし内気なせいか忍耐力がないせいか独身が多く、宮崎男子と交際する場合、女性はかなり積極的なリードが必要になりそう。ちなみに都城市などの内陸部は豪快なタイプの人が多いとされます。

対する女性は「日向かぼちゃ」。色は黒くてゴツゴツしているが、中身は身が締まって美味しい。これもまた女性にすれば あまり嬉しくないたとえかもしれませんが、働き者で気立てがよいという意味です。

人目を引くのは嫌われる

でしゃばったりスタンドプレーをしたりすることを、宮崎県民は「ぎすを出す」と呼んで嫌います。温和でお人好しな県民の中にあって、ひとりガツガツとやる気を見せるのは、変に目立とうとしていると受け止められるようです。

悪く言えば「出る杭は打たれる」ということですが、人間関係や信義を重んじる律義さや素朴さの表れでもあります。仕事で宮崎県民の腰が重く見えたとしても、「ぎすを出す」のを避けているだけかもしれませんので、まず、みんながその気になるような空気を醸し出すことに努めましょう。

なんでも楽しむ焼酎大国

宮崎県は九州の中でも1、2位を争う焼酎大国。「とりあえず……」の後の2杯目にもビールを頼むのがはばかられるほどです。量をよく飲むのもさることながら、種類の多さでも光ります。焼酎には原料によってさまざまな種類があり、長崎や大分では麦焼酎、熊本は米焼酎、鹿児島は芋焼酎、奄美は黒糖焼酎といった具合に、各県によって人気が分かれていますが、宮崎県はなんでもアリ。麦、米、芋はもちろん、そば焼酎やトウモロコシ焼酎、豊富な農産物を利用したピーマン焼酎、かぼちゃ焼酎という変わり種もあります。
九州のほかの県では「○○焼酎以外は認めない」などと、焼酎の種類と県民のアイデンティティを重ねるのがお約束ですが、どれでも楽しむという柔軟性が宮崎流。選《え》り好みしない宮崎県民と付き合うことで、新しい発見があるかもしれません。ちなみにアルコール度数は低め。これもまたマイルドな気風の表れということでしょうか。

宮崎

おもしろDATA

方言

「てげ（とても）」
「てげてげ（ほどほど）」
「じゃが（そうだ）」
「宅習（自宅で予習復習すること）」
「のさん（面倒臭い）」

風習

・大勢の人がひょっとこをつけて踊る祭りがある
・10歳で2分の1成人式をする

食生活

・飲んだ後のシメは釜揚げうどん
・冷汁にはキュウリを入れる
・お食い初めにはナマズを使う
・ハム巻きおにぎりが弁当の定番

ソウルフード

チキン南蛮、チーズ饅頭、おび天、ジャリパン、ゴングリ、スコール、レタス巻き、まがりもち、「戸村」の焼肉のたれ

○相性良／奈良、和歌山、島根
×相性悪／東京、富山、滋賀

他県民には驚きの 宮崎の珍常識!?

・鯉のぼりならぬ「のぼりざる」がある
・東国原前知事の「どげんかせんといかん」は、宮崎市内ではそのように言うことはない
・学校の掃除の時間に女子生徒はもんぺをはく
・蜂でダシを取るそうめんがある

ここは
オイの
奢りタイ
そんな……
先輩の
言《ゆ》こつ
聞けんね？
年功序列で体育会系気質も
バリバリで、そして━
そっ……
それに
好いた女の
前でくらい
いいかっこうば
したかね
！
女は……だ
だ黙って
ついてくればよか！
カァ…
……はいっ♥
一見男尊女卑かと思いきや、
純情で優しさ溢れる
薩摩隼人なのだ

鹿児島県

男尊女卑で体育会系、けど
気は優しくて天然ボケな薩摩《さつま》隼人《はやと》

薩摩さん PROFILE

雰囲気強面《こわもて》で豪快、口下手で一見とっつきにくいが、根は優しい。男は稼ぎ、女は家を守る。それが真の道であると確信している。酒は芋焼酎！

けど発泡酒も捨てがたい

★男尊女卑が根強く残っているといわれる鹿児島県民だが、NHKの調査では「男は女より優れている」と答えた人は4人に1人で全国43位と少ない。男をうまく立てて内助の功を発揮する鹿児島女性の賢さを長年そばで見ているから？

薩摩隼人は考えるより先に体が動く

かつて全国平均の6倍もの比率で士族がいた鹿児島県。そんな県民の理想は「ぼっけもん（大胆な人、命知らず）」という言葉に代表され、とにかく行動力があることがよいとされています。逆に理屈を並べ立てるのは「ひっかぶい（弱虫）」「やっせんぼ（臆病者）」と馬鹿にされます。

このような荒っぽい気風のため、男性は女性に対して剛毅に振る舞いたがり、女性が理屈をこねることを嫌う男尊女卑的な部分もあります。ただし南国の陽気な風土のせいか、どこか天然ボケ的なところもあり、憎めない面も。一方、女性は「薩摩おごじょ」といわれ、芯の強いしっかり者。男性が威張っているものの、実権は女性にあるという例もちらほら見受けられるようです。

上下は絶対の〝体育会系〟

武士的な価値観の強い土地柄だけに、いわゆる体育会系的な縦の関係が重んじられます。特に年長者に対して反論すると「議を言うな」と怒られるため、鹿児島県民は上司や先輩など目上の人間には表立って反論しません。目立とうとする人もあまりいませんが、ちょっと不満が溜まっている場合もありそう。県民と付き合うには年上の人にはしおらしく、若手にはガス抜きをさせてあげるとよさそうです。

なお、お金に執着することを悪徳と考える県民が多く、金払いのいい人が目立ちます。上下を重んじる儒教的な考え方のせいか、酒の席では目上の人を中心に、誰かがさっと払ってくれるときもあります。ここで遠慮をするとまた「議を言う」ことになってしまうので厚意に甘えましょう。

ただし俗に「焼酎気質」といわれ、熱しやすく冷めやすいところがあります。「商談もうまくいったし、ご馳走までしてくれた」と満足しても、翌日にはどうなるかあてにならないこともあるのでご注意を。

降る灰に克《か》つ郷土愛

鹿児島県民の生活は、日々火山灰との戦いです。県のシンボル・桜島は、活発な活動を続けており、多少の噴火では誰もいちいち反応しません。ですが、驚きはしなくても大変なのは事実。火山灰専用のゴミ収集袋があり、専用の集積場があります。灰の多い日は積み上げられた土囊《どのう》のような状態になります。

この専用のゴミ袋、鹿児島市では以前は「降灰袋」という名前でしたが、現在は「克灰袋《こくはいぶくろ》」という名前がつけられています。「灰に克つ」という意味ですが、そのような気概《きがい》のある命名をするあたり、逆に県民の苦労が容易に想像されます。

しかし灰の掃除に疲れても、県民は桜島を見ると元気になるといいます。それだけ郷土愛に溢れているのが鹿児島県民。愛の強さにたまに疲れることもありますが、故郷の悪口ばかり言ってしまう人には、学ぶところも多そうです。

鹿児島 おもしろDATA

方言

・形容詞の後に「でした」をつける〈例：「よかったでした」〉
「わっせ、わっげ（とても）」
「おっさん（奥さん）」
「ラーフル（黒板消し）」
「さんごじゅうごしてから（しばらくしてから）」

風習

・数えで７歳になった子どもが１月７日に神社で「七草祝い」をする
・あぜ道に「田の神」の石造が立つ
・授業開始は「起立、姿勢、礼」

食生活

・雑煮はエビでだしを取る
・「サツマイモ」は「唐芋」と呼ぶ
・おにぎりを玉子焼きで巻く
・おかゆに氷を入れる

ソウルフード

さつま揚げ、白くま、ムース、鶏飯、味噌おでん

○相性良／東京、高知、福岡
×相性悪／神奈川、静岡、広島

他県民には驚きの 鹿児島の珍常識!?

・電話をかけたときは「もしもし」ではなく「もしも」
・桜島フェリーが24時間運行
・待合せの定番は「殺し屋の前」
・最低でも月一度は墓参りに行く
・志布志市志布志町志布志という住所があり、志布志市役所志布志支所がある

沖縄県

離婚率ワースト1も「ちゃーにかないさ〜」？
大らかでたくましく生きるウチナンチュー

もしも人魚姫が沖縄県人だったら──
本当に王子さまに会いに行くの？
元の姿に戻れないかもしれないよ
ちゃーにかないさー（どうにかなるさ）
んじちゃーびらー♥（行ってきます）
不思議の国のアリスの兎が沖縄県人だったら──
おっと茶会の時間さー
そろそろ仕度《しこーい》しないとねー
北風って台風みたいなの？
そうさー風の威力で太陽と旅人は跡かたもなく吹き飛んで行ったんさー
あらゆる童話が成り立たなそうである

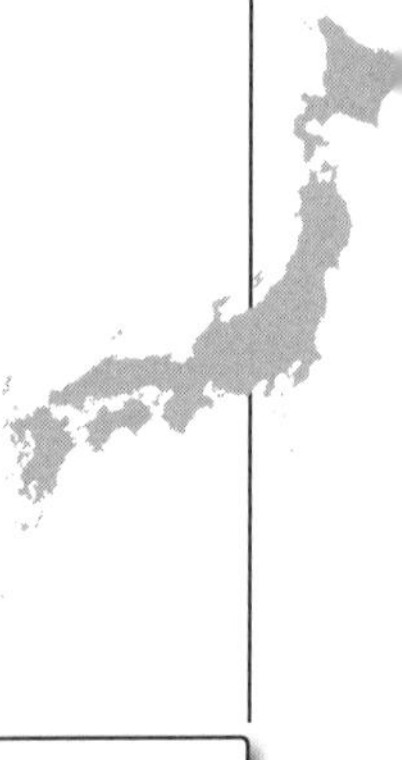

沖縄スピリット PROFILE

沖縄のあらゆる場所に在るもの。楽観的で大らか、そしてゆる〜くルーズで人懐っこく温かい。このスピリットに魅せられて本土から沖縄に移住する人も少なくないという

★2コマ目「ちゃーにかないさー」に似た意味を持つ言葉に「なんくるないさー」があるが、「なんくるないさー」は一生懸命努力した結果、あとは天に任せる、という意味での「なんとかなるさ」なので、成り行き任せの場合は使わない

「テーゲー主義」と「ウチナータイム」

琉球《りゅうきゅう》王国として独自の歴史を歩んできた沖縄県は、言葉に食べ物に音楽にと、本土とは異なる文化を形成しており、「ウチナンチュー」と称する県民の気質も特徴的です。

過ぎたことや細かいことは気にしない、何事もほどほどでいい、という沖縄県民の大らかな考え方を「テーゲー（大概）主義」といいます。かなりの話題が「だからよー（まあね）」で済んでしまい、仕事で交わす電子メールもフランクな文面で届きます。大雨のときに「どうせ濡れるから」と傘も差さず走りもしないこともザラだとか。

大らかさは「ウチナータイム」と呼ばれる時間感覚にも表れていて、飲み会を開けば2～3時間かけて三々五々集まります。さすがに出勤時刻に何時間も遅れて来る人はいませんが、こういった大らかさに「ナイチャー」つまり「内地（本土）の人」はしばしば困惑させられます。中には「ルーズだ」と批判する人もいますが、「テーゲー」は他人に対しても発揮されるため、県民は非常に親切で楽観的。トラブルがあっても、いつまでも怒りや恨みを引きずるようなことはしません。ただし、「ゴーヤ」の発音に関しては「ゴーヤーだ」と厳密に修正するこだわりを見せることも。

助け合いの精神と強烈な郷土愛

沖縄県民は横のつながりを大切にします。その代表が「模合《もあい》」と呼ばれる助け合い制度。仲間内で会費を積み立ててメンバーが順番に受け取り、冠婚葬祭や子どもの進学などに役立てる仕組みです。銀行には模合の積立専用の用紙もあります。ただ、山梨県の「無尽」と似て、近年はサークル活動的な色合いが強くなっています。

また、横のつながりは郷土愛とも直結していて、県民は沖縄が大好き。その裏返しで「本土は怖いし人も冷たい」と、「ナイチャー」に対して反感や警戒心をあらわにしてしまいがち。このため転勤などで「本土」にやってきた県民は、疎外感から萎縮してしまうこともあります。

沖縄県民が元気がなかったり無愛想に見えたりする場合、誤解や思い込みで遠慮している可能性があります。こちらから胸襟を開けばアッサリ解決するかもしれません。

祖先は重んじるが夫婦関係は？

県民は先祖も大切にします。祖先崇拝という県民の宗教観とも関係していますが、「シーミー」や「グソーの正月」など、親戚一同が集まったり、墓の前で重箱を囲んだりと、墓参も一大イベント。墓石も大きく、遺跡のような墓所もあります。このような血縁を重んじる文化の影響で、「長男には嫁にやるな」ともいわれています。

といっても、沖縄県では男性より女性の強さが目立ちます。男性はのんびりして口下手な人が多い一方、女性はたくましく、しっかり者。テーゲー主義と相まってか、離婚率は全国ワースト1。なにかと「本土」とは風土の異なる県ですから、沖縄県民と結婚する場合、互いの理解を深める努力を！

沖縄 おもしろDATA

方言

「でーじ（とても）」

「あがー！（痛い！）」

「はいさい（こんにちは）」

「わじわじ（むかつく）」

風習

・結婚式の祝儀は1万円
・同窓会の告知を横断幕でする
・居酒屋でおしぼりを折り畳んでコースターにする

食生活

・味噌汁が巨大
・酒のシメにステーキを食べる
・「ぜんざい」はかき氷をのせる
・サンマを丸ごと揚げて食べる
・フライドチキンはご飯や稲荷寿司と一緒に食べる

ソウルフード

アンパンマンアイスのお店、ジャーマンケーキ、ポークたまご、ばくだんかまぼこ

○相性良／北海道、宮崎、長崎
×相性悪／愛知、岡山、鹿児島

他県民には驚きの沖縄の珍常識!?

・コンビニではペットボトルにもストローがつく
・スーパーでは店員が袋詰めする
・食堂でアイスティーが無料で出る
・飲み会の前にはシャワーを浴びる
・海は水着を着ず、服を着たまま入る
・牛乳パックは946ミリリットル

参考資料

「統計でみる都道府県のすがた　２０１３」総務省統計局
「社会生活基本調査」総務省統計局
「家計調査」総務省統計局
「人口動態統計」厚生労働省
「国民生活基礎調査」厚生労働省
「現代の県民気質―全国県民意識調査」ＮＨＫ放送文化研究所・ＮＨＫ出版

〈著者プロフィール〉
山下龍夫（やました・たつお）
1962年、埼玉県志木市生まれ。フリー編集者。
明確な特徴がないと言われがちな埼玉で生まれ育ち、個性豊かな他県民に嫉妬心をもったことから県民性に興味をもつように。著書に『県民性なるほどオモシロ事典』（日本実業出版社）、『県民性の謎がわかる本』（幻冬舎）など。日本だけでなく朝鮮半島や台湾、中国東北部の地域性も実地研究中で、特に朝鮮半島は韓国全土はもちろん、北朝鮮の平壌、開城まで踏破している。企画編集プロデュース作品に『韓国「県民性」の旅』鄭銀淑著（東洋経済新報社）がある。

隣のアノ人との付き合い方がわかる！
47都道府県　ケンミン性の秘密
2014年4月10日　第1刷発行

著　者　山下龍夫
発行人　見城徹
編集人　福島広司

発行所　株式会社 幻冬舎
〒151-0051 東京都渋谷区千駄ヶ谷4-9-7
電話　03(5411)6211(編集)
03(5411)6222(営業)
振替00120-8-767643
印刷・製本所：株式会社 光邦

検印廃止

ISBN978-4-344-02568-4 C0095
幻冬舎ホームページアドレス http://www.gentosha.co.jp/

この本に関するご意見・ご感想をメールでお寄せいただく場合は、
comment@gentosha.co.jpまで。